Dieter Vet

Die Wurzel des Ölbaums

Das Judentum

Kleine Bibliothek der Religionen

Herausgegeben von
Adel Theodor Khoury

Band 5

Dieter Vetter

Die Wurzel des Ölbaums

Das Judentum

Dieter Vetter

Die Wurzel des Ölbaums

Das Judentum

Herder

Freiburg · Basel · Wien

Die Deutsche Bibliothek – CIP-Einheitsaufnahme

Vetter, Dieter:
Die Wurzel des Ölbaums : das Judentum / Dieter Vetter.
– Freiburg im Breisgau ; Basel ; Wien : Herder, 1996
(Kleine Bibliothek der Religionen ; Bd. 5)
ISBN 3-451-23845-4
NE: GT

Umschlaggestaltung: Finken und Bumiller, Walddorf
Satz: Satzbüro Barbara Herrmann, Freiburg
Druck und Bindung: Freiburger Graphische Betriebe 1996
Gedruckt auf umweltfreundlichem, chlorfrei gebleichtem Papier
ISBN 3-451-23845-4

Inhalt

„Ohne Minoritäten besteht kein weltgeschichtliches Ziel. Eben hierdurch ist das Judentum auch ein *Gradmesser für die Höhe der Gesittung* auf Erden geworden. Was seine Gemeinde durch die Völker erfahren hat, unter denen sie lebte, ist immer ein Maßstab dafür gewesen, wieweit Recht und Gerechtigkeit unter den Nationen Bestand hatten, denn alle Gerechtigkeit ist Gerechtigkeit für die Wenigen. Wie viel Israel, das der Menschheit von seinem Glauben gegeben hat, von ihr an Religion, an religiöser Gerechtigkeit *empfängt,* darin offenbaren sich immer Wandel und Entwickelung der Religion. An seinem Schicksal kann man es ablesen, wie viel des Weges noch ist bis zu den Tagen des Messias. Wenn Israel sicher unter den Völkern wird wohnen können, dann hat sich die verheißene Zeit erfüllt ..."
(Leo Baeck, Das Wesen des Judentums, 306f).

Vorwort

Der Wirklichkeit des Judentums läßt sich ohne Grundkenntnisse seiner Überlieferung nicht nahekommen. Zwar erscheint sie vielgestaltig; aber alle Zweige nähren sich aus denselben Wurzeln; jede Richtung ringt von ihrer besonderen Voraussetzung her um das Verstehen derselben Überlieferung. Um ihre Auslegung und Anwendung kreisen die Auseinandersetzungen zwischen den unterschiedlichen Gruppen. Welche überlieferten Lehren diese „Gesamtheit Israels" *(„Klal Jisrael")* prägen, erhalten und zu hervorragenden geistigen und auf die alltägliche Lebenspraxis gerichteten Anstrengungen herausfordern, wird in den folgenden Kapiteln dargestellt. Ich versuche, die Werte aus dem Inneren der jüdischen Tradition zu gewinnen und Differenzierung an die Stelle von Vorurteilen und Assoziationen treten zu lassen, damit die „Wurzel des Ölbaums" sichtbar wird. Berücksichtigung finden auch geschichtliche Aspekte sowie historische Zusammenhänge und ihre Wirkungen, die wichtige Züge des Judentums beleuchten, ebenso der Haß der Nichtjuden, der seit dem Altertum die jüdische Gemeinschaft verfolgt, bedroht und in ihren Äußerungen und Einstellungen bestimmt, und die Geschichte der jüdischen Selbstbefreiung.

Biblische Hinweise unterstützen das Lesen; sie führen zu einfach einsehbaren Quellen. Auf rabbinische Literaturangaben verzichte ich weithin, weil sie weniger leicht zugänglich sind; die mir unerläßlich erscheinenden sowie Zitatbelege nenne ich jedoch in jedem Fall.

Herzlich danke ich denen, die mir in den letzten Jahren durch kritisches Mitdenken und durch Schreiben und Korrigieren von Manuskripten – auch dieses Buches – entscheidend geholfen haben: Christine Grans, Silke van Doorn, Heike Dietzel, Birgit Leimbach, Stefan Seck und Ute Krüger.

Meinerzhagen, im März 1996 *Dieter Vetter*

I. Überliefertes und vielgestaltiges Judentum

1. Überliefertes Judentum

Der Begriff „Judentum“ läßt sich nach den grundlegenden Quellen nicht auf eine Bezeichnung für die „Religion der Juden“ begrenzen: Die Hebräische Bibel und die sie aktualisierend fortführende „mündliche“ Lehre kennt keine dem öffentlichen Leben gegenüber eigenständige „religiöse“ Daseinsform. Hier bilden vielmehr jüdisches Volk und jüdischer Lebensweg sowie die Bindung an das Land Israel eine einzigartige Einheit. Die Tradition aus *„schriftlicher“ Tora (Pentateuch = Die Fünf Bücher Mose)* und (ursprünglich) *„mündlicher“ Tora (Halacha)* prägte jahrhundertelang Bewußtsein und Emotionen von Juden.

Die „mündliche“ Überlieferung ist niemals völlig abgeschlossen worden; ihre Hauptquelle ist das *talmudische Schrifttum.* Neben der Hebräischen Bibel ist dies der zweite Hauptpfeiler, auf dem das Judentum ruht. Sein Überleben nach der Zerstörung des Zweiten Tempels und in den Jahrhunderten ohne eigenen Staat sicherten die spezifischen Gehvorschriften für den jüdischen Lebenswandel (Halacha). Sie beleuchten das ganze Leben der Juden im Gegenüber Gottes und sparen keinen Bereich des Daseins aus, sei es die Ernährung, das sexuelle und soziale Verhalten, sei es das Handeln in Politik und Wirtschaft.

Ziel aller Gebote und Verbote ist die Beziehung des ungeteilten menschlichen Daseins zu Gott („Heiligung“). Die Fülle der Bestimmungen, die zwischen „erlaubt“ („rein“) und „nicht erlaubt“ („unrein“) zu unterscheiden lehren, sollen dem Menschen helfen, Gott in den täglichen Lebenssituationen zu begegnen. Sie sind die Mittel, die dem Menschen an jedem Tag Gelegenheit geben, in sich die Bereitschaft zu wecken, den eigenen Willen dem Willen Gottes unterzuordnen und Gott in der Welt durch menschliche Taten zum Ausdruck zu bringen.

2. Schwindender Alleinanspruch

Die in der Traditionsliteratur festgelegte Regelung des jüdischen Lebenswandels leitete autoritativ die Lebensweise von Juden unangefochten bis in die zweite Hälfte des 18. Jh. Als *Moses Mendelssohn* (1729–86) sein konservatives Reformwerk für die jüdische Gemeinschaft in Deutschland begann, hatte das Judentum einen Tiefpunkt in seiner geschichtlichen und geistigen Existenz erreicht. Mit Mendelssohns Schülern setzte die Hinwendung zur nichtjüdischen Gesellschaft ein. Unter den Einflüssen der Aufklärung und der Französischen Revolution schwand der Alleinanspruch der halachischen Lebensbedingungen: Nicht mehr alle Juden lebten seitdem in einer unverwechselbaren Identität, die bislang in der Teilhabe am jüdischen Volk, an seiner Geschichte und Überlieferung wurzelte. Die europäischen Zivilisationen boten den Juden das Recht auf Bürgerschaft in der politischen Organisation des jeweiligen Territoriums an. Juden fanden Aufnahme in das wirtschaftliche, politische und kulturelle Leben der nichtjüdischen Gesellschaften. Um sich an der europäischen Zivilisation beteiligen zu können, mußten Juden freilich auf ihre Mitgliedschaft am jüdischen Volk verzichten. Die Mehrheit der Juden in West- und Mitteleuropa beugte sich dieser Forderung der europäischen Zivilisationen; sie bestimmten sich nur noch als Mitglieder einer Religionsgemeinschaft. Sie gründeten Körperschaften von Individuen, deren gemeinsames Anliegen in der Pflege der Religion des Judentums bestand.

Damit war der historische Rahmen für die Entstehung des *liberalen* oder *Reformjudentums* im 19. Jh. abgesteckt. Von Deutschland breitete es sich in Mittel- und Westeuropa und vor allem in den Vereinigten Staaten von Amerika aus. Es war bestrebt, die jüdische Tradition der Gegenwartskultur zu öffnen und auf die Bedürfnisse des modernen Menschen abzustimmen. Galt bis dahin die Halacha als einziger Prüfstein jüdischer Rechtmäßigkeit, so beanspruchte nun das religiöse Bewußtsein des einzelnen, ebenfalls ein Kriterium zu sein. Die zur beständigen Wiederholung festgelegten Gebete bezeugten seit Jahrhunderten im Wechsel der Zeiten die Stetigkeit des Gesprächs der Gesamtheit Israels mit Gott und wiesen den einzelnen auf den Weg der Gesamtheit. Jetzt erlangte das subjektive Erlebnis im Gottesdienst den gleichen Wert wie die Vergegenwärtigung der Gottesbeziehung im Vortrag der vorgeformten und festgesetzten Gebete.

Dieses „reformierte“ Judentum entwickelte sich im 19. Jh. in Deutschland unterschiedlich: Das religiös-progressive *„liberale Judentum“* vertrat die Mehrheit der deutschen Juden. Seine Traditionsverbundenheit trennte es vom radikalen *„Reformjudentum“*, das in der unabhängigen Berliner „Reformgemeinde“ sonntags einen von der tradierten Ordnung abweichenden kurzen Gottesdienst in fast ausschließlich deutscher Sprache feierte.

Das *„positiv-historische Judentum“* hielt entgegen der historischen Kritik an dem unantastbaren Kern der Offenbarungsreligion fest. Es erfaßte als das Bezeichnende des Judentums die unveränderliche Lebensform, die Sitte und Satzung in eins schließt. Es unterstrich die Bedeutung der traditionellen jüdischen Praxis: Sie wehrt der historischen Erinnerung, ein fester Punkt in einer immer weiter schwindenden Vergangenheit zu werden. Stattdessen rufen die vorgeschriebenen regelmäßigen Handlungen eine „ewig“ gegenwärtige Erinnerung hervor: Sie läßt den einzelnen

Erfüllenden den Auszug aus dem Sklavendienst so begreifen, als sei er selbst mit aus Ägypten ausgezogen.

Die „Traditionalisten", wie man die Anhänger dieser Richtung nennen kann, begegnen der biblischen und nachbiblischen Überlieferung nicht kritiklos. Sie führen ihren Wortlaut nicht auf unmittelbare göttliche Einwirkung zurück. An das Ergebnis jüdischen Schaffens in der biblisch-talmudischen Überlieferung legen sie durchaus den Maßstab von Wahrheit und Gerechtigkeit prüfend an. Sie haben ihn von den Weisen selbst gelernt, die durch ihre Lehre die Tradition beglaubigen. In dem 1920 von *Franz Rosenzweig* (1886–1929) gegründeten „Freien Jüdischen Lehrhaus" in Frankfurt am Main erschlossen Lerngemeinschaften die Wurzeln des Judentums. Methodisch folgten sie dem traditionellen Vorbild „jüdischen Lernens"; aber ihr Umgang mit dem biblisch-rabbinischen Erbe war frei von jeder kompromißlosen Begrenzung. Dies entsprach der traditionalistischen Haltung.

In England haben sich mehr traditionsorientierte Juden im *„Reform Judaism"* zusammengeschlossen, radikalere dagegen im *„Liberal Judaism"*. In den Vereinigten Staaten fand die Reformbewegung unter dem Namen „Reform Judaism" große Zustimmung. Um sich von ihrer radikalen Einstellung zur Tradition abzuheben, bezeichnen sich einige reformierte Gemeinden als „liberal" und eine ganze Richtung als *„Conservativ Judaism"*; sie kommt der Auffassung des vernichteten deutschen „liberalen Judentums" und des „positiv-historischen Judentums" nahe.

Jeweils charakterisiert ein Eigenschaftswort die Richtung innerhalb der Religion des Judentums; es zeigt die Einstellung des „reformierten", „liberalen" und „konservativen" Flügels zur Tradition an: Neigt er mehr zur Veränderung, zur Fortentwicklung oder zur Bewahrung der Überlieferung? Andere Gruppierungen befolgen strikt die überkommenen Satzungen der Halacha; sie erkennen sich in der Tradition genau wieder und verteidigen sie gegen jeden von der Gewohnheit abweichenden Umgang. Ihre Kritiker unter den Reformern kennzeichneten sie als *„Orthodoxie"*. Dieser Begriff drückt unzureichend die Motivation dieses Teils des Judentums aus, dem es vornehmlich um das rechte Tun nach der Halacha geht („Orthopraxis"), weniger um den rechten Glauben („Orthodoxie"). Dennoch hat sich die Bezeichnung „orthodox" als eine Beschreibung observanter (die Halacha streng beachtender) Juden von außen durchgesetzt; für sich selbst ziehen sie aber „fromm", „toratreu" bzw. „gesetzestreu" vor.

Aus der konservativen Bewegung ging etwa ab 1930 der *„Rekonstruktionismus"* hervor. Dieser einzige rein amerikanische Zweig des Judentums setzt sich für die fortwährende Entwicklung der jüdischen Kultur in einer sich wandelnden Welt ein. Dazu muß er die Quellen ständig neu erforschen, die alle Bausteine der jüdischen Kultur enthalten. Die übersinnlichen Grundbestandteile der Tradition sollen wieder als Träger eines innerweltlichen Fortschrittstrebens hergestellt („rekonstruiert") und deshalb ihre übernatürlichen Züge der Realität angepaßt („naturalisiert") werden. Die „Reconstructionist"-Anschauung lehnt die Orthodoxie ab, weil sie kompromißlos an der Tradition festhält. Sie wirft der Reformbewegung ihre Betonung des Glaubens und ihre Bereitschaft vor, sich kulturell an ihre Umwelt anzugleichen. An der konservativen Richtung erkennt sie als Mangel, daß sie sich durch die Schwierigkeiten nur hindurchwindet, die Orthodoxie und Reformbewegung für Juden in der Gegenwart aufwerfen, ohne sie entschieden klären zu wollen.

4. Toratreues Judentum

Wie die liberale Bewegung, so ist auch das orthodoxe Judentum nicht einheitlich. Zwar stimmen die *Alt-Orthodoxie* und westliche *Neu-Orthodoxie* in Fragen des Glaubens, wie an die unmittelbare göttliche Offenbarung der schriftlichen und mündlichen Tora, und der Observanz überein; aber während die Alt-Orthodoxen sich um ihre Mitte in den (nicht akademischen) Talmudhochschulen („Jeschiwot“) sammeln und ihren eigenen Studien- und Lebensregeln folgen, verschließen sich die Neu-Orthodoxen nicht vor den kulturellen wissenschaftlichen und technischen Entwicklungen; nach ihrer Auffassung widersprechen die Grundsätze von einem toratreuen Leben nicht Studium und Ausübung eines akademischen Berufes. Die wissenschaftliche Aufgeschlossenheit der europäisch-nordamerikanisch gebildeten Neu-Orthodoxen endet jedoch bei den Ergebnissen der Bibelkritik; ihr Verständnis von der göttlich eingegebenen Tora verbietet ihnen, die Bibel aufgrund menschlicher Maßstäbe zu beurteilen, ihre Einheitlichkeit und Vollkommenheit historisch-kritischer Prüfung zu unterziehen. Progressiv eingestellte Juden erklären diese Einstellung, die Neu-Orthodoxe zusammen mit Alt-Orthodoxen einnehmen, als „religiösen Fundamentalismus“; er erschwere nicht nur jedes Gespräch mit Andersdenkenden, sondern entziehe ihm bereits die Voraussetzungen. Überleben und Auftrag der jüdischen Gemeinschaft in der Welt eint jedoch die oft bis zur Gegnerschaft zerstrittenen Lager.

II. Das Judentum in der Geschichte

1. Auffassung von Geschichte in der Überlieferung

a) Einheit der Geschichte in der biblischen Geschichtsschreibung

Das biblische Selbstzeugnis Israels verknüpft einzelne Vorgänge zu einem Ganzen. Darin äußert sich die Gewißheit, daß der Gott Abrahams, Isaaks und Jakobs der Gott Israels und der Verknüpfende ist. Die Einheit der Geschichte erkannte Israel in der Einheit des Gottes Israels. Von ihr her spricht es den Stämmen einen gemeinsamen Ursprung und ein gemeinsames Schicksal vor der Landnahme in Kanaan zu. Die Erinnerung an seine Herausführung aus dem ägyptischen Sklavendienst, seine Berufung zum Eigentumsvolk des Gottes Israels mit einer besonderen Lebenssatzung und die Hineinführung nach Kanaan bilden die Kernelemente der Tora (Pentateuch). Die Ereignisse der Landnahmezeit (13./12. Jh. v. Chr.) begriff Israel als Gottes erfüllende Taten im Licht der Landverheißung an die Väter (Jos 2–10). Im davidisch-salomonischen Großreich (10. Jh. v. Chr.) lernte Israel das große Volk und die große Nachkommenschaft als Wirkung des Segens Gottes annehmen; es bekundete, daß es seine wahre Größe erst gewinnt, wenn bei ihm alle anderen Völker Segen als Erwerb freien, fruchtbaren Lebens gefunden haben (Gen 12,1–4a).

Die Katastrophe im 6. Jh. v. Chr. – das Ende des Königreichs Juda, der Fall Jerusalems, die Beseitigung des geordneten Gottesdienstes seit der Zerstörung des Tempels, babylonische Fremdherrschaft und Vertreibung – brachte eine neue Geschichtssicht hervor: Sie ist eine eindringliche Einladung an die Überlebenden Israels, zu dem Gott der geschichtlichen Begegnungen umzukehren im Aufschrei zu ihm, im Schuldbekenntnis, in der Bitte um Errettung und in der Bereitschaft zu neuem Gehorsam (Jud 2,16; 3,9; I Sam 12,19; I Reg 8,47), im Hören auf die Stimme Gottes mit ganzem Herzen (II Reg 23,25; Dtn 4,30; 30,2.8.10). Ein anderer Geschichtsaufriß galt der Zeit nach der Katastrophe. Er erfaßt Israels politisch-religiöse Existenz im Horizont der ganzen Schöpfung: Von Zeit zu Zeit begründen und sichern Gottes neue Setzungen Israels Leben (Gen 1,1–2,4a). Dem Gottesdienst Israels schenkt Gott seine Gegenwart; am Ort der Präsenz der göttlichen Erscheinung (Ex 29,43; 40,34) darf es den Opferdienst (Num 28f) und das sühnende Geschehen des großen Versöhnungstages (Lev 16; 23,27) vollziehen. In eigener Geschichtskonzeption legitimierte sich die Gemeinde des Zweiten Tempels zwischen dem 4. und 3. Jh. v. Chr.: Ihr ging es um die erneute Verlebendigung der Geschichte Gottes mit seinem Volk; sie ist noch nicht abgeschlossen, sondern läuft auf Uneingelöstes zu. Die Erzählung von Vergangenem gestaltete sich hier abermals zur Begründung von Hoffnung auf noch Ausstehendes.

Die verschiedenen biblischen Entwürfe bekunden übereinstimmend: Israel wurde seiner geschichtlichen Wirklichkeit als eines nie aufhörenden Wechselgesprächs zwischen dem Gott Israels und seinem Volk gewahr. Es erfuhr die Situationen auf seinem Weg als Begegnungen mit dem Gotteswillen. Sie wurden ihm zum Anstoß, seine guten oder bösen Taten zu verantworten, aus Verirrung, Abfall oder Versagen in die Gottesbeziehung zurückzukehren, zu loben, zu klagen, zu bitten. Israels Propheten enthüllten das Werk des kommenden Gottes. In ihm erhält die vergangene und die zukünftige Geschichte Israels den fortdauernden Zusammenhang eines unverbrüchlichen Lebensbundes (Hos 2,4ff; Jer 31,3ff.31ff). Aus der Sicht seiner Propheten wäre die Geschichte des erwählten Volkes als analogielose Sakralgeschichte mißverstanden (Am 9,7); sie ist ein Teil der

Weltgeschichte (Am 2,6.9), deren Dauer und Endlichkeit aber an Israels Geschichte ablesbar ist (Am 1,3–2,5; 2,9; 9,7; Jes 10; Jer 27; Jes 45; Ez 36,23.36)

b) Ausgestaltung und Diskussion der „mündlichen“ Lehre

Im Unterschied zur Bibel Israels mit ihren Geschichtsentwürfen hat das nachbiblische *rabbinische Schrifttum* die geschichtlichen Vorgänge in seinem Erzählstoff nicht zu einer zusammenhängenden Darstellung geformt. Dieser Mangel spiegelt die politische Situation des Judentums nach der Zerstörung des Zweiten Tempels (70 n. Chr.) wider: Es schuf nicht mehr selbst Geschichte, wie das biblische Israel in der Vergangenheit, sondern erlitt die Geschichte der anderen Völker. Aber es verzichtete nicht auf eine entschiedene Einstellung zu den weltgeschichtlichen Abläufen. Juden ersehnten zu allen Zeiten das zu errichtende messianische Gottesreich; ihre Erwartung relativierte das Gewicht der zeitgeschichtlichen Ereignisse. Den Platz der zum Schweigen verurteilten jüdischen Geschichtsschreibung nahmen stattdessen die Ausgestaltung und die Diskussion der „mündlichen“ Lehre ein. Alle Bestrebungen nach einem radikalen Gehorsam gegenüber dem Willen Gottes im täglichen Leben bezogen sich auf dieses Ziel der Geschichte. Sie sollten den jüdischen Menschen wachsen und reifen lassen, damit er Gott mit seinem ganzen Dasein „heiligt“ (Lev 19,2; 18,5). Er sollte auf diese Weise ein Vorbild in der Welt aufrichten vom Menschen in der umfassenden Gottesherrschaft auf der Erde.

Wenn Gottes Geschichtsweg auch für die Rabbinen unerklärbar blieb, so lenkten sie gerade alle Aufmerksamkeit auf seine Tora. Diese Weisung Gottes zum Leben ist dem Menschen gegeben, damit er weiß, was er tun soll. Die Rabbinen verglichen den geschichtlichen Auftrag des jüdischen Volkes mit dem Dienst eines königlichen Gefolges, dem es geziemt, „den König nachzuahmen“[1]. Hier wirkte die Auffassung von Geschichte nach, die allen biblischen Konzeptionen zugrunde liegt. Dieses Verständnis von Geschichte, nicht als einem Handeln Gottes *durch* Menschen, sondern einem Handeln *zwischen* Gott und den Menschen, hat seine tiefe Ausformung in der Traditionsliteratur erhalten: Der Schöpfer hat in seiner Liebe dem Menschen die Fähigkeit zur *Gottesebenbildlichkeit* verliehen.[2] Der Mensch kann nicht „wie Gott sein", wohl aber mit dem ganzen Vermögen seiner Begrenztheit Gott nachfolgen.[3] Der Mensch kann das Bild, in dem er erschaffen ist, entfalten und so Gott in seinem Tun nachahmen, „sich seinem Schöpfer angleichen"[4].

2. Kontinuität

a) „Volk Israel" und „jüdisches Volk"

Die Kontinuität zum biblischen Israel und damit zu seiner Bestimmung, das Volk des Gottes Israels zu sein (Ex 19,6), geriet im Judentum nie in Vergessenheit. Dafür sorgten das Studium von Bibel und Traditionsliteratur, die gottesdienstlichen Schriftlesungen, das Brauchtum und die Gebetsordnung. In den vielen Jahrhunderten, die der Verlust des eigenständigen nationalen Lebens des jüdischen Volkes währte, gedachten Juden am Fasttag des 9. Aw (*Tischa be-Aw*; Juli/August) des zerstörten Tempels und drückten außer der Trauer um ihn auch ihre Hoffnung aus, daß er bald wieder hergestellt werde. Die täglichen Stammgebete hielten das Anliegen wach, daß alle Juden im Land Israel versammelt und Jerusalem und der Tempel wieder aufgebaut werden. Die Familienfeier am Vorabend des Pessachfestes (*„Seder"*) vergegenwärtigt in Erzählung, Auslegung, Lied und Gebet Bedrückung und Herausführung am Anfang der Volksgeschichte; sie gliedert dadurch die am häuslichen Mahl Teilhabenden in die Kette der Generationen ein: „In jedem Geschlecht und Zeitalter ist jeder verpflichtet, sich vorzustellen, als ob er gleichsam selbst aus Ägypten gegangen wäre."[5]

b) Jüdisches Volk in der Periode des Zweiten Tempels

In der Überlieferung geht folglich die Geschichte Israels in der Geschichte des Judentums weiter. Hier ist Eigenstaatlichkeit nicht das einzige Kriterium für die Existenz des jüdischen Volkes und seiner Geschichte. „Volk Israel“ und „jüdisches Volk“ sind gleichbedeutend und meinen dieselbe Gemeinschaft in ihrem geschichtlichen Zusammenhang. Diese verstand sich als *Volk* in dem großen Zeitabschnitt, in dem das Judentum seine bis heute wirksame Gestalt gewann.

Diese Entwicklung begann mit der Rückwanderung von Juden aus dem babylonischen Exil und dem Wiederbeginn des nationalen Lebens im eigenen Land im letzten Drittel des 6. Jh. v. Chr.; die Auseinandersetzung mit der hellenistischen Kultur seit der mazedonischen Eroberung des Landes gegen Ende des 4. Jh. v. Chr. trieb sie voran. Als die arabische Eroberung des Landes Israel und der Sieg des Islam zu Beginn des 7. Jh. n. Chr. diese Epoche beendete, hatte sich das rabbinische Judentum voll herausgebildet und seine Quellen erschlossen.

Die rabbinischen Weisen erreichten durch gezielte Vorschriften und mittels ihrer Siedlungs- und Rückwanderungspolitik, daß Juden auch nach der Zerstörung des Zweiten Tempels (70 n. Chr.) bis zur arabischen Eroberung (638) als Volk im eigenen Land lebten. Sie bildeten sogar die Mehrheit der Bevölkerung im Land Israel. Als selbständige Kleinbauern bewirtschafteten sie den größten Teil des Bodens bis zum Anfang des 4. Jh. und übten zahlreiche Gewerbe aus. Mit Billigung der römischen Herrschaft in Palästina verwaltete sich das jüdische Volk selbst durch eine Körperschaft: Der *Sanhedrin* (Synhedrion) und das Amt seines Vorsitzenden (des Nassi/des Patriarchen) genossen bei den Juden im Land und in der Diaspora höchste religiöse Autorität bis in das 7. Jh. bzw. 5. Jh. hinein; denn der Sanhedrin fungierte nicht nur als oberster Gerichtshof, sondern auch als großes Lehrhaus und damit als oberste Instanz bei Lehrentscheidungen. Er bevollmächtigte Richter und Toralehrer, schuf durch seine Beschlüsse die notwendigen Neuordnungen des jüdischen Lebens und ermöglichte zukünftigen Gelehrten aus dem Land und aus der Diaspora das Studium.

c) Das Volk der Tora ohne Staat

Auch nach der Ausbreitung des Islam im 7. Jh. lebten weiterhin kleinere jüdische Volksgruppen im Land bis zu den ersten Rückkehrern in der zweiten Hälfte des 19. Jh. Die Gebete, Lehren und halachischen Bestimmungen hielten die Beziehungen zum Land im Diasporajudentum ebenso lebendig wie die Aufgabe der Einheit des jüdischen Volkes in der ganzen Welt. Zu allen Zeiten brachen Juden zur *Alija* (Einwanderung) auf. Die Überlieferung schärfte nicht nur das Bewußtsein unter Juden, Angehörige des jüdischen Volkes zu sein, dessen Heimat Israel ist; sie lehrte auch, daß die Lebenssatzung des jüdischen Volkes, die Tora, nicht an die Bedingung des jüdischen Staates geknüpft ist, dem sie im biblischen Bericht zeitlich und sachlich zuvorkommt: Das jüdische Volk soll Volk der Tora sein; mit ihm soll die auf die Weisung Gottes zum Leben hörende Menschheit beginnen. Demgegenüber sah das biblische und nachbiblische Israel im Staat stets nur einen bedingten Wert; es wies ihm lediglich eine Funktion für die Gemeinschaft des jüdischen Volkes zu.

Der geschichtliche Ablauf gab der relativierenden Anschauung vom Staat als nur einem Organ der Gemeinschaft recht: Als in der Mitte des 2. Jh. auch der letzte Rest eines staatlichen Zusammenhalts, Selbstbestimmungsrechts und Schutzes in Judäa unterging, überlebte das jüdische Volk. *Synagoge* und *Lehrhaus* waren zum Mittelpunkt des sozialen und religiösen Lebens geworden. Die Lebensweisung (Tora), einschließlich der Bestimmungen für den Lebenswandel (Halacha), sicherte die jüdische Gemeinschaft vor äußeren Gefahren, gab dem einzelnen Halt, weckte und festigte ein Solidarverhalten.

Gemeinsame Herkunft aus einem Land, gemeinsame Überlieferung und Geschichte sowie gemeinsame Verantwortung füreinander bilden zusammen den Kern, in dem das Judentum übereinstimmend das jüdische Volk wiedererkennt. Gegenüber einer derartigen Gleichsetzung versagen moderne nationalstaatliche Kategorien. Dies belegt auch der folgende Sachverhalt: Der 1948 proklamierte Staat Israel wurde ein integrierender Bestandteil des Judentums, weil sich viele Juden außerhalb des Landes Israel mit ihm identifizieren. Aber das israelische Staatsvolk gleicht durchaus nicht völlig dem über die Welt verstreuten jüdischen Volk; denn ihm gehören auch Juden an, die Bürger anderer Staaten sind. Jüdisches Volk und Staat Israel lassen sich nicht miteinander gleichsetzen. Einzelne Juden und jüdische Vereinigungen diskutieren unterschiedliche Meinungen über die Bedeutung des Staates in der Geschichte des Judentums. Dennoch lassen sich Staat Israel und jüdisches Volk nicht mehr voneinander trennen; denn der Staat Israel tritt für das Recht auf Überleben und Selbstbestimmung des jüdischen Volkes und aller Juden ein – vor allem nach der *Schoa,* der Vernichtung von sechs Millionen Juden im deutschen Machtbereich zwischen 1933 und 1945.

3. Spannung

a) „Religion“ und „Politik“

Eine große Spannung durchzieht die Geschichte des Judentums. Sie beruht auf Israels Erwählung zu einer Menschengemeinschaft, die mit ihrer gelebten Gottesbeziehung der Gottesherrschaft in der Welt den Weg bereiten soll (Ex 19,4–6). Diese Berufung gilt nicht einer „Religion“ des Judentums, sondern zielt auf das Lebensverhältnis zwischen Gott und dem jüdischen Volk. Es kann nicht anders als im real-historischen Weltrahmen aufgebaut und verantwortet werden. Der Auftrag, das Reich Gottes im menschlichen

Zusammenleben vorwegzunehmen, fordert die geschichtlich-politische Verkörperung. Aber keine politische Autorität verleiht dem gehorsamen Handeln des jüdischen Volkes seine Legitimität. Weder in der Hebräischen Bibel noch in der Traditionsliteratur lassen sich „Politisches" und „Religiöses" scheiden: Stets weist das „Religiöse" die Richtung, ist das „Politische" der Weg der Verwirklichung.

Aus der Einrichtung und Existenz des eigenen Staates und aus dem Erleiden fremder staatlicher Gewalt in seiner Geschichte erwuchs für das jüdische Volk immer neu die Gefahr, „Religion" und „Politik" voneinander zu trennen. Dieser Versuch bedeutete, die Gottesforderungen nur noch für die persönlichen Belange der einzelnen gelten und an die Stelle der jüdischen Gemeinschaft den jüdischen Menschen treten zu lassen. Wenn die Gotteserfahrungen in der Geschichte des jüdischen Volkes und mit ihnen auch seine Hoffnung auf das messianische Handeln Gottes in der Geschichte der Welt ihre Kraft verloren, meldeten sich die warnenden und mahnenden Stimmen seiner Propheten und Lehrer zu Wort. Sie verordneten dem jüdischen Volk, die Spannung auszuhalten: Es darf sich von der „Politik" als der Formung des „Religiösen" nicht abkehren, weil ihm die Verantwortung aufgegeben ist, den Willen Gottes in der Welt durchzusetzen (Jes 42,6–8; 44,6; 45,5f) und die Welt auf das Reich Gottes hin zu verändern[6]. Zugleich muß sich das jüdische Volk der Fragwürdigkeit seines Realisierungsbemühens bewußt sein; es bleibt auch aufgrund seiner messianischen Hoffnung „politisch" ein problematisches Modell, das auf die wahre Gestalt der Gottesherrschaft in der Welt hinweist.

b) Relativierende Einstellung zu staatlichen Herrschaftsformen

Unter diesen Bedingungen erlangte in der biblisch-rabbinischen Tradition keine staatliche Herrschaftsform absolute Geltung. Die Geschichte des israelitischen Königtums (10.–

6. Jh. v. Chr.) wurde nicht ohne die grundsätzlich ablehnende Haltung seiner Kritiker weitergegeben, die eine permanente menschliche Regierungsgestalt als Abfall von Gott deuteten (Jdc 8,23; 9,7–15; I Sam 8,7.9f.19–22; Hos 5,1). Die relativ autonome Theokratie der jüdischen Gemeinschaft (Ez 45,1–8) in der persischen Epoche (538–333 v. Chr.) und unter der Herrschaft hellenistischer Staaten (332–163 v. Chr.) blieb ebenfalls prophetisch und schriftgelehrt in Frage gestellt (Jes 56–66; Sach 9–11; 12–14).

Die seleukidische Herrschaft hatte die Hellenisierung der Sitten und des Kultus in Juda und Jerusalem in der ersten Hälfte des 2. Jh. v. Chr. verordnet und dadurch den bewaffneten Widerstand der jüdischen Opposition unter der Leitung der Makkabäer hervorgerufen (I Makk 1–2; II Makk 5–7; Dan 11,28ff). Aber in dem Erfolg des makkabäischen Aufstandes sahen die „Frommen" in der Gesellschaft Judas und Jerusalems, die sich dem Kampf gegen die Hellenisierer angeschlossen hatten, nur noch eine „kleine Hilfe" (Dan 11,34). An ihrem Urteil änderte auch die Anerkennung des souveränen jüdischen Staates durch die Seleukidendynastie (142 v. Chr.; vgl. I Makk 13–14) nichts; denn die regierende Familie der Hasmonäer hatte sich mit der Festigung ihrer Herrschaft von den ursprünglichen Zielen der makkabäischen Erhebung entfernt. Die immer neu aufflackernden Machtkämpfe am Hasmonäerhof führten schließlich Roms Intervention herbei (63 v. Chr.); sie änderte den politischen Status Judäas grundlegend.

Nach der Makkabäererhebung traten die *Pharisäer* als Lehrer und religiöse Führer des Volkes auf. Sie strebten danach, daß der Mensch nur aus Liebe zu Gott die Gebote erfüllt. Wie streng sie sich selbst beurteilten, zeigt die im Talmud tradierte Liste, die sieben Arten von Pharisäern aufzählt, von denen fünf nach pharisäischer Meinung dem Bild des Frommen nicht entsprechen. Am Ende bleiben zwei positive Gruppen: der Furchtpharisäer wie Hiob und der Liebespharisäer wie Abraham. Die „*Weh euch*"-Rufe (Mt 23,13–36) und andere abschätzige Hinweise im Neuen

Testament treffen nicht den wahren Pharisäismus, sondern seine, von den Pharisäern selbst gegeißelten Zerrbilder.

Die unter dem Sammelnamen „Zeloten" zusammengefaßten Sekten machten sich zwar die religiöse Einstellung des pharisäischen Judentums zu eigen, übertrafen es jedoch in ihrer Bereitschaft, mit Waffen um politische Freiheit zu kämpfen. Im jüdische Krieg (66–74 n. Chr.), in dem aufständische Juden sich für die Erhaltung des eigenen Bodens und die Errichtung des Gottesstaates einsetzten, warnte *Rabban Jochanan ben Sakkai* die Rebellen vor Fanatismus und religiöser Selbstsicherheit. Er kündigte den Untergang Jerusalems an und ermahnte das Volk, sich den Römern zu unterwerfen. Als er nichts ausrichtete, verließ er während der Belagerung heimlich die Stadt. Mit römischer Erlaubnis errichtete er in *Jawne* (Jamnia), einer Hafenstadt südlich des heutigen Tel Aviv, ein Lehrhaus. Es entwickelte sich zum Zentrum des rabbinischen Judentums. Von ihm gingen die Anstöße aus, das jüdische Leben nach der Zerstörung des Zweiten Tempels zu reorganisieren und zu festigen.

c) Rabbinische Friedenspolitik gegen religiöse Selbstsicherheit

Eine Welle messianisch-revolutionärer Aktivitäten gefährdete die Aufbauarbeit des Lehrhauses in Jawne; das schroffe Vorgehen der Römer hatte sie ausgelöst. Zunächst folgte die Mehrzahl der Gelehrten der Friedenspolitik des Rabban Jochanan ben Sakkai. Sie hielt die Zeit des Aufstandes unter Trajan (115–117) nicht für reif, das messianische Reich durch Krieg herbeizuführen. Sie erkannte die Beschäftigung mit der Tora als Israels Lebenselement und als die Aufgabe des jüdischen Volkes, Gottes Herrlichkeit und Preis vor allen Weltvölkern zu verkünden. Sie harrte im Lehrhaus aus und ertrug geduldig die Herrschaft Roms. Dagegen erschien ihnen ein heidnisches Jerusalem mit einem Tempel des Jupiter Capitolinus als Zeichen endgültigen Sieges des „frevelhaften Reiches" über das Gottesvolk. Nun unterstützten auch viele Weise aus Jawne den Aufstand unter Bar Kochba gegen Hadrian (132–135) und griffen sogar zusammen mit ihren Schülern in die Kämpfe ein.

Das Ende des Bar Kochba-Krieges gab Jochanan ben Sakkai und anderen Toralehrern recht; sie hatten von dem Versuch abgeraten, das Gottesreich gewaltsam vor der rechten Zeit aufrichten zu wollen. Die im Krieg und in den anschließenden Verfolgungen übriggebliebenen und die nachfolgenden Gelehrten zogen sich in das Lehrhaus zurück, um sich von neuem der Aufgabe zu widmen, das jüdische Volk auf die zukünftige Gottesherrschaft hin zu erziehen. Das Torastudium mit diesen Gelehrten half, die verheerenden religiösen und politischen Auswirkungen der Niederlage und der Verbannung aus Jerusalem nach der Umwandlung in die Römerstadt Aelia Capitolina aufzufangen; Neuorientierungen unter der Leitung der Rabbinen trugen entscheidend zur Wiederbelebung des jüdischen Lebens bei. So konnte infolge des spezifischen Lebenswandels (Halacha) das jüdische Selbstbewußtsein trotz der völlig veränderten politischen Situation erstarken und sich mit der römischen Herrschaft für Jahrhunderte abfinden. Das jüdische Volk erschöpft sich nicht in einem jüdischen Staat. Nicht die Nation, sondern die Tora (Lebensweisung) setzt Ziel und Weg für das jüdische Volk.

d) Jüdisches Volk und jüdischer Staat

Darin liegt aber auch das Problem für den jungen Staat Israel. Er ist auf der Grundlage des UN-Beschlusses vom 29.11.1947 im darauf folgenden Jahr als ein demokratischer, nicht als ein theokratischer Staat errichtet worden. In *Erez Jisrael* (Land Israel) *„ist das jüdische Volk aufgestanden“*, lautet der Anfang seiner Unabhängigkeitserklärung vom 14.05.1948. Er wurde auch für das jüdische Volk geschaffen, das seit dem Altertum nach seinem eigenen Recht lebt, nicht um „Religion“, sondern Gottesvolk in politisch-sozialer Wirklichkeit zu sein. Die Herrschaft Gottes soll die gesamte Volksexistenz in ihrer Einheit von Religion und Gesellschaft umfassen. Darf daher ein weltlicher jüdischer Staat existieren, dem das jüdische Volk in der traditionellen Vorstellung von seiner Gesamtheit und seiner Toratreue gleichgültig ist? Die sich der Überlieferung verpflichtet fühlende Orthodoxie in Israel verlangt, daß die Tora als gesellschaftliche Lehre angewandt wird und für die Lebensführung der Juden in Israel richtunggebend wirkt. Zwar gesteht sie zu, die rein persönlichen Pflichten, die durch Erziehung, Überzeugung und Beweisführung erworben werden, dem Gewissen und Glauben des einzelnen zu überlassen; aber sie weist energisch darauf hin, daß die Gebote, die sich auf die Ordnungsfunktionen der Gesellschaft beziehen – wie Heirat und Scheidung, Beachtung von Schabbat- und Feiertagen durch Handel und Industrie –, für die ganze Nation verbindlich gelten sollen.

4. Zerstreuung

a) Ursachen

Zu keiner Zeit seiner Geschichte ließ sich das jüdische Volk vom Staat völlig beanspruchen. Das Dasein in der Diaspora zwang es jedoch, sein eigenes Recht an die Minimalbedingungen der jeweiligen staatlichen Ordnung anzupassen und eine Kollisionsnorm zu schaffen. Sie erkennt das Recht eines nichtjüdischen Staates als rechtmäßig an, auch wenn es das jüdische Recht verletzt.[7] Nach diesem Rechtssatz hat das jeweilige allgemeine Staatsgesetz, vor allem die Steuergesetzgebung, für Juden Geltung, die außerhalb des Landes Israel leben.

Die Zerstreuung der Juden unter die Völker hatte verschiedene Ursachen. Naturkatastrophen, wie Dürreperioden, aber auch der Handelsverkehr, der von Ägypten nach Syrien und Mesopotamien durch das Land Israel führte, veranlaßten Auswanderungen und Niederlassungen in Ägypten und Syrien. Nachdem Kyros das babylonische Imperium erobert (539 v. Chr.) und den jüdischen Exulanten die Heimkehr aus Babylon gestattet hatte (Esr 1f; 7,11ff; II Chr 36,22f), blieben Nachkommen deportierter Judäer freiwillig in Babylonien, wo sie geboren und aufgewachsen waren. Aber auch für diese Exilsgemeinde bildete der 515 v. Chr. wieder erbaute Tempel in Jerusalem das geistige Zentrum.

Während der hellenistischen Epoche (3.–1. Jh. v. Chr.) zogen Weltstädte, wie Antiochien am Orontes und Alexandrien im Nildelta, Juden an. Innenpolitische Vorgänge, Bürgerkriege und innerjüdische soziale und politische Auseinandersetzungen bewegten andere Juden, das Land Israel zu verlassen. 538 v. Chr. hatte der persische König den Juden in der Diaspora gestattet, nach Jerusalem zurückzukehren und den Tempel wiederaufzubauen. 638 n. Chr. eroberten islamische Araber Jerusalem. Diesen Zeitraum umfaßt die Periode des Zweiten Tempels. In ihr scheint die Gesamtzahl der Diasporajuden die Zahl der in der Heimat wohnenden überragt zu haben; trotzdem war die Zahl der im Land Israel lebenden Juden größer als die der Juden, die in ein benachbartes oder fernes Land zerstreut waren.

b) „Wegführung“ und „Knechtschaft“

In das Gedächtnis des jüdischen Volkes und in seine Überlieferung aber haben sich vor allem die Verschleppungen zahlreicher Gefangener im Zuge der Eroberungen des Landes eingegraben. Auf das Nordreich Ephraim-Samaria, das mit der Reichsteilung nach Salomons Tod als selbständige politische Einheit entstanden war (I Reg 12), wirkte sich der assyrische Imperialismus einschneidend durch Deportationen und Umsiedlungen ausgewählter Bürger aus (733 und 722 v. Chr.; II Reg 15,29; 17,4ff). Die babylonischen Streitkräfte verbannten aus dem eroberten Südreich Juda Handwerker und Soldaten nach Babylonien (598, 595, 586 v. Chr.; II Reg 24,12; 25,11ff; Jer 39–41; 52). Andere flohen nach Ägypten, um der Unsicherheit in dem von den Babyloniern besetzten eigenen Land zu entrinnen (Jer 42–44).

In die Überlieferung ist die gewaltsame Zerstreuung des jüdischen Volkes in die Fremde in ihrem ganzen Ausmaß erst mit der Zeit der Zerstörung des Zweiten Tempels eingegangen. Der Ruf am Sederabend des Pessachfestes: „Nächstes Jahr in Jerusalem!" verlieh durch viele Jahrhunderte dem Schrei der Heimatlosen Sprache. Die biblischen Begriffe – „Wegführung (ins Exil)" bzw. die „Weggeführten (in die Gefangenschaft)" (Ez 1,2; Jer 24,5; 29,16.20), „Gefangenschaft/Gefangene" (Jer 15,2; Num 31,19) – und das rabbinische Wort für „Knechtschaft/Unterdrückung"[8] drücken den ganzen Schmerz des jüdischen Volkes über das nationale Unglück der Zerstreuung aus. Die Traditionsliteratur erwähnt das Exil nicht allein als eine politisch-soziologisch-religiöse Tatsache, sondern speziell als die bedrückende Gegenwart. Damit schuf sie einen Bezug zur Geschichte des jüdischen Volkes, mit dem Juden aller Zeiten übereinstimmten, auch wenn sie sich längst an ihre Umwelt angepaßt hatten.

Gemeinsame Züge prägten das Dasein der jüdischen Minderheit in Europa, bis die Gesellschaften auch den einzelnen Juden die Mitgliedschaft im zivilisatorischen Rahmen der Menschen- und Bürgerrechte von 1789 verliehen. Die Religionsverfassung (Halacha) durchdrang alle Bereiche des jüdischen Lebens: Sie leitete nicht nur den unverwechselbaren Lebenswandel von Juden, sondern formte im Strom der Überlieferung auch das Selbstbewußtsein der einzelnen, zur jahrtausendealten Geschichte des jüdischen Volkes zu gehören. Wo immer Juden siedelten, bildeten sie gegenüber einer sich mißtrauisch bis feindlich äußernden Umwelt eine geschlossene, religiös-sozial-kulturell gleichgeartete Gemeinschaft, die dem rabbinischen Recht unterworfen war. Ihr Leben hing zu jeder Zeit von den „Privilegien" ihrer Schutzmacht ab. Die Fürsten begünstigten sie oder griffen in ihre religiös-soziale Rechtsordnung ein, wenn ihre ökonomischen, sozialen und politischen Interessen es als ratsam erscheinen ließen; in unruhigen Zeiten gaben sie die jüdische Gemeinschaft Verfolgungen preis, um die christlichen Volksmassen von ihrem Elend abzulenken und um die Sehnsucht ihrer schwachen Untertanen nach Stärke zu befriedigen.

Aus der christlichen Gesellschaft gelangten kulturelle Einflüsse in die Judenviertel; hier wurden sie ins Jüdische und sprachlich in das West-Jiddische bzw. in das entsprechende östliche Idiom der Juden in der slawischen Umgebung umgestaltet. Aber dies alles vollzog sich nicht in einem bewußten Aufnahmevorgang. Lediglich Randschichten der jüdischen Gesellschaft, die wirtschaftlich stärksten und die sozial schwächsten, standen mit den entsprechenden Vertretern der christlichen Gesellschaft in Verbindung; ihren Bedingungen und ihrem Wandel lieferten sie ihre Existenz aus. Die Mehrheit der Juden lebte in ihrer religiösen Kultur, die sie von der umgebenden Welt absonderte.

5. *Jüdische Aufklärung (Haskala) und ihre Wirkungen*

a) Jüdische Tradition und europäische Zivilisation

Die traditionellen Vorstellungen und Vorschriften hatten das Judentum in der langen Periode des Exils bestimmt und vor seinem Untergang bewahrt. Sie herrschten in den zahlenmäßig starken Kreisen der frommen Juden auch noch in der zweiten Hälfte des 18. Jh. Andererseits war aber auch vielen Juden der Sinn der alten Lebenssatzungen nicht mehr nahe. Je mehr ihr Bewußtsein der eigenen nationalen Identität schwand, desto bereiter wandten sie sich dem Kultur- und Geschichtsbereich zu, in dem sie lebten; er sollte den verlorenen jüdischen ersetzen. Sie waren empfänglich für das aufklärerische Bild vom Individuum; sie wollten es aus seinen geschichtlich gewachsenen religiösen und sozialen Systembindungen befreien.

Dieses Ziel verfolgte auch die jüdische Aufklärungsbewegung *(Haskala)* des 18./19. Jh. in Mittel- und Osteuropa. Sie wurzelte in der europäischen Aufklärung und übernahm deren kulturelle Wertbegriffe. Ihre eigene Leistung aber bestand darin, daß sie nicht nur die traditionellen jüdischen Lebensformen sprengte, sondern jüdische Tradition und neuzeitliche Bestrebungen und Errungenschaften der europäischen Zivilisation zusammenzufügen suchte: Sie wollte den neuen jüdischen Menschen schaffen, der sowohl in der jüdischen als auch in der allgemeinen Kultur gründete.

b) Moses Mendelssohn und seine Schüler

Mit dem deutschen Philosophen Moses Mendelssohn nahm zum erstenmal ein Jude aktiv am kulturellen Leben von Christen teil und bereicherte es auf den verschiedensten Gebieten. Durch das einheitliche systematische Prinzip und die literarische Form seiner Arbeiten gelang es ihm, die Grundgedanken der deutschen Aufklärungsphilosophie allgemein zu verbreiten. Die partikulare Religionsform des Judentums und die universale Vernunftreligion bildeten für ihn eine zwanglose Vereinigung. Er lehrte und lebte, daß die Freiheit des Denkens sich in der Achtung anderer religiöser Überzeugungen bewähren müsse. Mendelssohns Verdeutschung des Pentateuch, der Psalmen und anderer biblischer Schriften führte die Aufklärung unter den Juden in Deutschland herbei. Seine Übersetzungen und Kommentare zum Pentateuch legten den Grund, auf dem junge Juden sich mit den Problemen der neuzeitlichen Literatur, Wissenschaft und Philosophie befassen konnten. Aber ebenso ermöglichte er es ihnen, sich mit der hebräischen Sprache vertraut zu machen.

Mendelssohn und viele seiner Schüler blieben der Überlieferung verhaftet und hielten die religiösen Vorschriften ein. Gegen ihre Absichten setzte ihr Wirken jenen Prozeß in Gang, in dessen Verlauf sich Juden bewußt an die deutsche Kultur anschlossen und bald auch an die in der deutschen Gesellschaft vorherrschenden Vorstellungen anglichen. Die Aufklärung in Deutschland und die Französische Revolution förderten diese Entwicklung. Sie erzeugte schließlich eine Wandlung im Judentum des deutschen Sprachraums.

Mendelssohn löste mit seiner Definition des Judentums als *„geoffenbarter Gesetzgebung*" das Mißverständnis von der vornehmlich „gesetzlich-ritualistischen" jüdischen Religion aus. Auch beriefen sich nachfolgende jüdische Aufklärer auf Mendelssohn, wenn sie die falsche Gleichung von Judentum und Vernunftreligion aufstellten; sie sahen in dem „Gesetz" nur noch die historisch bedingte schützende Form dieser „Wahrheit".

c) Erneuerung und kulturelle Öffnung der jüdischen Gesellschaft

Jüdische Aufklärer setzten sich für eine Erneuerung und kulturelle Anpassung der jüdischen Gesellschaft ein, besonders auf dem Gebiet der Erziehung und Bildung. *Hartwig (Naftali Herz) Wessely* (1725–1805) forderte, die schulische Ausbildung zu Lasten des Talmudstudiums den Naturwissenschaften, der Geschichte, Geographie und der Landessprache zu öffnen. *David Friedländer* (1750–1834) trat für die Emanzipation der Juden in Preußen ein und stellte das Judentum als eine ethische Konfession vor, die von allen Formen befreit sei. *Naftali Herz Homberg* (1749–1841) versuchte, das talmudische Judentum zu einem kulturell angepaßten umzuformen, damit es der vollen bürgerlichen Rechte teilhaftig würde. Aber der Regierungsbeauftragte für die jüdische Schulreform in Galizien scheiterte am orthodoxen Widerstand mit seiner Absicht, das rabbinische Schrifttum zugunsten profaner Bildung abzuschaffen. Selbst jene Aufklärer, die der eigenen Religion treu zu bleiben beabsichtigten, verstanden die jüdische Aufklärung als Vermittlerin universaler geistiger Tendenzen; sie neigten deistischen Vorstellungen zu und gaben der „Naturreligion" vor jeder Offenbarungsreligion den Vorzug.

Auch *Samson Raphael Hirsch* (1808–88) bejahte die Notwendigkeit, daß sich das Judentum erneuern müsse. Eine

Reform des überlieferten Gehalts und des religiös-praktischen Lebens aber lehnte er ab. Er gründete 1851 die neuorthodoxe „Israelitische Religionsgesellschaft“: Sie brachte Traditionstreue mit der Anerkennung moderner Wissenschaft in Einklang, hielt an der messianischen Hoffnung fest und befürwortete zugleich Emanzipation der Juden und nationale Assimilation.

d) „Kulturelles“ Judentum

Dagegen verteidigte die seit 1844 im „Verein für reformiertes Judentum“ vertretene Mehrheit der Juden in Deutschland ein kulturelles Judentum; es verwarf die autoritäre Tradition zugunsten einer wissenschaftlich begründeten Ethik.

Als ethischen Monotheismus stellte das Judentum *Hermann Cohen* (1842–1918) in seinen Werken dar. Er bildete Kants Philosophie fort und begründete die neukantianische „Marburger Schule“. Aber er billigte der Religion einen selbständigen Wert im Rahmen der Philosophie zu. Als wahre Religion ließ Cohen nur die sittliche Religion gelten, die der Vernunftreligion entspricht. Er deutete die Lehre von den Tagen des Messias als den religiösen Ausdruck von der Ewigkeit des Sittlichen. Der jüdischen Existenz sei daher das Ziel gesetzt, das messianische Zeitalter herbeizuführen. Die Propheten hätten es universalistisch beschrieben. Daher müßten die Juden nach Gerechtigkeit für die Armen, nach Frieden und Harmonie streben, damit allen Menschen die Erlösung zuteil werde.

Hermann Cohen beeinflußte bedeutende jüdische Denker des 20. Jh. Der Philosoph und Historiker *Max Wiener* (1882–1950) brach die verengte Sicht vom Judentum auf. Sein Lehrer hatte das Judentum mit der prophetischen Vorstellungswelt gleichgesetzt, die der historischen Wirklichkeit übergeordnet sei. Wiener konnte von der halachischen Formung des Judentums sowenig absehen, wie er es – unter der Wirkung Martin Bubers – nur in der Tradition des „Glaubensvolkes“ recht zu erfassen vermochte. Wie für Cohen, so bildeten auch für den Philosophen Franz Rosenzweig Gott, Welt und Mensch die Grundelemente allen Seins. Aber gegen jeden philosophischen Versuch, das Universum durch abstraktes Denken zu begreifen, setzte er sein „Neues Denken". Er entwickelte es in einer *Dialogphilosophie,* in der er mit Martin Buber übereinstimmte. Dieses dialogische Prinzip entzog den Gehalt des „Neuen Denkens" der Systematisierung und bewahrte seine unaufhebbare Gegebenheit.

Auch *Leo Baeck* (1873–1956) setzte das Judentum mit dem ethischen Monotheismus der Propheten gleich. Aber er unterschied sich von Cohens idealistischem Ansatz dadurch, daß er die geschichtliche Eigenart des Judentums nicht aus den Augen verlor. Er deckte in seinem Hauptwerk die spannungsreiche Ganzheit des geschichtlichen Judentums auf; zu ihr gehören die Satzungen wie die universalistische Botschaft, die Berufung zum Gottesvolk wie die Menschheitssendung gleichermaßen. Leo Baecks „Das Wesen des Judentums" (1905) widerlegte die liberal-protestantische Zeichnung des Judentums als einer überholten Gesetzesreligion.[9]

e) Die Illusion der „deutsch-jüdischen Symbiose"

Die Gleichstellung in der europäischen bürgerlichen Gesellschaft erlangten die Juden nur um den Preis der Leugnung ihrer eigenen Nationalität. Zu Beginn des 20. Jh. hatte Leo Baeck noch an eine Synthese von jüdischem Messianismus und deutschem Nationalgefühl geglaubt. Während des Ersten Weltkriegs drückte Hermann Cohen die Zuversicht aus, daß die geglückte jüdisch-deutsche Symbiose nach dem Frieden Deutschland einen Vorrang in allen Grundlagen des Geistes- und Seelenlebens sichern würde.[10] Als die Deutschen jedoch die ersten Niederlagen im Krieg 1914–18 und wirtschaftliche Schwierigkeiten erfuhren, tauchten antisemitische Äußerungen wieder auf. Sie fegten bei vielen assimilierten Juden ab 1916 die Illusionen weg, die das deutsche Judentum gehegt hatte. Der Pädagoge *Ernst Simon* (1899–

1988) erlebte als Kriegsfreiwilliger vor Reims den Judenhaß seiner Vorgesetzten und Kameraden am eigenen Leibe. „Ich wußte nun ..., daß ich diesem deutschen Volke nicht angehöre“[11], beschrieb er später seinen Weg zum Zionismus.

Als irreführend hat der Religionshistoriker *Gershom Scholem* (1897–1982) die Bezeichnung „deutsch-jüdische Symbiose“ für die Auseinandersetzungen zwischen Deutschen und Juden seit der Aufklärung beurteilt. Er bestritt nicht das anhaltende Bemühen der Juden in diesem Zeitraum, „sich den Deutschen zu erklären und ihre eigene Produktivität ihnen zur Verfügung zu stellen, sogar bis zur völligen Selbstaufgabe hin“; jedoch vermochte er von einem Gespräch „bei alledem nichts wahrzunehmen“. Denn zu einem Gespräch „gehören zwei, die aufeinander hören, die bereit sind, den anderen in dem, was er ist und darstellt, wahrzunehmen und ihm zu erwidern“. Bitter fügte er hinzu: „Niemals hat etwas diesem Schrei erwidert, und es war diese einfache und ach, so weitreichende Wahrnehmung, die so viele von uns in unserer Jugend betroffen und uns bestimmt hat, von der Illusion eines Deutschjudentums abzulassen.“[12]

Als Zeitzeuge des 20. Jh. erinnert sich Hans Mayer (geb. 1907 in Köln) der „entsetzten und feindseligen Blicke“, die nach 1945 „wir überlebenden Heimkehrer in die deutsche Fremde“ erlebt haben. Als Ergebnis eines lebenslangen Erfahrungs- und Denkvorgangs erkennt er im 30. Januar 1933 das Ur-Datum einer „gleichsam universalen Gegenaufklärung“; sie löschte alle Toleranzversprechen und Assimilierungsentwürfe aus, die im Bewußtsein von Deutschen und Juden jemals die Hoffnung auf tatsächliche Gleichberechtigung geweckt hatten. In einem kulturhistorischen Gang vollzieht der Literaturkenner den „Prozeß deutscher Aufklärung“ nach; von seinen Anfängen her lehrt er „den Widerruf des Zusammenlebens und gemeinsamen Wirkens der Deutschen mit den deutschen Juden“ begreifen. Er schließt seine Untersuchung mit der Einsicht, daß „es keinen Widerruf des Widerrufs von 1933 geben wird“. Keine Seite könnte ihn wünschen; denn: „Die einstige Formel von den ‚Deutschen Staatsbürgern jüdischen Glaubens' ist ebenso hinfällig geworden wie Mendelssohns und Lessings Postulat der Assimilation." Für sich selbst gesteht Mayer: „Ich bin ein deutscher Universitätsprofessor und ein deutscher Schriftsteller. Deutscher bin ich nicht mehr und kann es auch nie wieder sein."[13]

III. Von der Judenfeindschaft zur Judenvernichtung

1. Die Problematik der Nichtjuden

a) Ökonomische und soziale Krisensituation

Judenfeindschaft und Antisemitismus werden durch ungelöste Schwierigkeiten einer Gesellschaft hervorgerufen. Ihre ökonomisch und sozial benachteiligten Gruppen können zu Trägerschichten traditioneller Klischees von „dem Juden“ und akuten Judenhasses auswuchern, wenn sich ihre Mißerfolge und Unlustgefühle infolge der undurchschaubaren zivilisatorischen Prozesse häufen. Sie erklären die vielfältig verflochtenen Zusammenhänge rasch wechselnder gesellschaftlicher Zustände auf einfache Weise: Sie sehen negative „jüdische“ Eigenschaften daran beteiligt oder behaupten gar eine „jüdische“ Verschwörung als ihre Ursache. Religiöse, soziale und wirtschaftliche Krisen im Mittelalter und in der anbrechenden Neuzeit äußerten sich stets in Judenfeindschaft und Pogromen.

Die Gründe für den Antisemitismus liegen nicht im Verhalten von Juden, sondern in der inneren und äußeren Situation der Nichtjuden selbst. Judenfeindschaft weist auf die Problematik der Hassenden zurück. Antisemitismus als persönliche Einstellung verbindet sich leicht mit autoritären politischen und sozialen Überzeugungen. Der Antisemit orientiert sich an Einzelerscheinungen innerhalb der Realität der Juden und verallgemeinert sie. Er nimmt jüdische Menschen nur verzerrt auf Grund seines Vorurteils wahr. Er unterläßt es, sein Bild von „den Juden“ an der Wirklichkeit zu überprüfen und zu korrigieren. Das von der Realität entfernte Abbild zeigt ihm „die Juden“ nur noch als Bankiers oder Revolutionäre. Die vorurteilende Wahrnehmung des Antisemiten kann auch ein Judenbild erzeugen, das von der realen Existenz der Gruppe, die er selbst nicht kennengelernt hat, völlig abgelöst ist.

b) Gesellschaftliche Wertvorstellungen

Aber nicht nur kollektive Erfahrungen und individuelle Faktoren lösen in bestimmten gesellschaftlichen Situationen die Bereitschaft aus, Juden zu verleumden oder tätlich anzugreifen, ihre Friedhöfe zu schänden und ihre Synagogen anzuzünden. Auch kulturelle Überlieferungen und Wertvorstellungen in einer Gesellschaft wirken – unabhängig von Krisensituationen und „autoritären Persönlichkeiten" – bei der Entstehung von Judenfeindschaft mit. Sie produzieren trügerische Abbilder, die gänzlich ohne Realitätsbezug existieren können. Sie sollen die Juden erniedrigen und ihre Religion und Kultur entstellen, um das Ansehen der eigenen Kultur zu steigern und die Wahrheit der eigenen Religion zu beweisen. Solche ungeheuerlichen „Hirngespinste" tauchten bereits im vorchristlichen hellenistischen Königtum in der Behauptung auf, die Juden würden einen Eselskopf in ihrem Tempel verehren und Kinder opfern. Sie kehrten im ausgehenden Mittelalter unter Christen in den Motiven des Ritualmords, der Hostienschändung und Brunnenvergiftung wieder. In der NS-Rassen„lehre" spielten sie als Weltherrschaftspläne oder sexuelle Perversionen der Juden eine Rolle. Alle Projektionen auf „die Andersgläubigen" oder „die Andersartigen" verfolgen das Ziel, Juden als Außenseiter der Gesellschaft zu enthumanisieren.[1]

c) Projektionen auf die Außenseiter der Gesellschaft

Die Geschichte der mächtigen heidnischen Reiche des Altertums veränderte lange Zeit als sicher geltende Weltverständnisse. Infolge der überholten alten Ordnungen stellte sich bei den Massen in den verschiedenen Bevölkerungen das Gefühl ein, schutzlos und ohne Zukunftsaussicht zu sein. Die monotheistische jüdische Minderheit schien dagegen den Zusammenbruch ihrer Institutionen unbeschädigt ertragen zu können. Auf die Außenseiter mit ihrem besonderen Lebenswandel, der sie von den Lebensformen der Mehrheit deutlich unterschied, projizierten die ungebildeten und gebildeten Schichten aus ihren jeweiligen Erfahrungen heraus Feindbilder. Sie überlagerten die Realität des Judentums und erstarkten zu manifesten Vorurteilen.

Juden widerstanden in den meisten Fällen der frühkirchlichen Missionspraxis, die sie für eine Anpassung an heidnische Gebräuche hielten und die aus ihrer Sicht nur Massen von Götzenanbetern anzog. Die Weigerung der Juden, sich taufen zu lassen, machte sie in den Augen von Christen zu ihren besonderen Feinden; denn Juden waren schließlich die einzigen Zeugen der Kreuzigung Jesu und damit der Begründung der christlichen Tradition. Außerdem erkannten Christen in den Juden Werkzeuge im Plan Gottes: Sie verursachten die Kreuzigung und damit nach ihrem Glauben die Versöhnungstat Gottes an den Menschen und begingen zugleich angeblich das Verbrechen des Gottesmordes. In der Geschichte der Theologie und Kirche haben sich diese Wahrnehmungen und Vorstellungen zu einem festen Vorurteil entwickelt. Die Judenfeindschaft war jahrhundertelang ein Bestandteil der christlich-abendländischen Zivilisation und ist es in Resten noch immer. Die christliche Religion hat sie hervorgebracht; die europäische Kultur hat sie weitergegeben. Diese in gewissen Zeiten latente, in anderen Abschnitten aktive Judenfeindschaft als ein Element der christlich-abendländischen Zivilisation bereitete den Boden vor, auf dem sich der säkularisierte moderne Antisemitismus und der antireligiöse Rassismus ausbreiteten.

Umwälzungen in der neuzeitlichen Gesellschaft unterstützten diesen Vorgang: Die Emanzipation der Juden vollzog sich gleichzeitig mit der allgemeinen rechtlichen Gleichstellung der Menschen; sie aber löste die bisherige Lebensordnung auf. Die industrielle Revolution traf mit der

Entwicklung des Nationalstaates zusammen. In Deutschland ließ sich daher der Rassenantisemitismus leicht und wirkungsvoll dazu gebrauchen, das unzufriedene Kleinbürgertum politisch zu manipulieren. Er ließ sich für den Aufbau und die Stützung des totalitären NS-Regimes einsetzen; denn in Deutschland hatten politische Parteien erst spät und dann – wie im Kaiserreich des Kanzlers Bismarck – nur unvollständig Anteil an der politischen Macht erhalten; auch war die Masse der Bürger nicht zu produktiver politischer Eigenverantwortung erzogen worden. Daß die Judenfeindschaft sich zum Vernichtungsantisemitismus steigern konnte, wirft Licht auf die Beschaffenheit einer Gesellschaft, aus der heraus Planung und Durchführung organisiert wurden. Die bereitwillige oder widerspruchslose Beteiligung der einzelnen an den Verbrechen und ihre schweigende Duldung auf seiten Wissender zeigen die unbewußten subjektiven Antriebe im Menschen für seinen Judenhaß an.

2. Abneigung und Haß gegen die Juden in der Vergangenheit

a) Sozio-religiöser Antijudaismus

Alltägliche Berührungen mit fremden Kulturen erlebten Juden, die zunächst unter Zwang, dann später auch freiwillig in anderen Ländern siedelten. Abneigung mischte sich in die Beziehungen der Umwelt zu den Juden, die in der Fremde durch ihr abgesondertes Dasein auffielen. In gespannten Situationen der Gesellschaften überstieg Haß gegen die Juden die Vorstufe. Die Schriften Tobit, Judit und Ester gewähren gewisse Einblicke in die Verhältnisse der jüdischen Diaspora im Osten des Alten Vorderen Orients. Sie lassen die isolationistischen Züge jüdischen Lebens erkennen und belegen eine Art sozio-religiöser antijüdischer Einstellung. Auch bei seiner Eingliederung in den syrisch-phönizischen Staatsverband und in die hellenistische Zivilisation traf das jüdische Volk in

Judäa und in den anderen Gebieten seines Landes auf Feindseligkeiten von seiten der nichtjüdischen Bevölkerung unterschiedlicher ethnischer Herkunft; diese hatte sich unter dem ptolemäischen und seleukidischen Herrschaftssystem zu einer gewissen hellenisierten Einheit zusammengeschlossen. Die infolge veränderter politischer und kultureller Bedingungen verunsicherte Masse reagierte empfindlich bis aggressiv auf die Juden, die nach ihren spezifischen nationalen, religiösen und kulturellen Eigenarten lebten.[2]

Die wachsende jüdische Diaspora stieß auf einen virulenten Judenhaß in der Bevölkerung des hellenistischen Orients. Juden galten als Fremde im eigenen Land, wenn sie in den von Griechen und Römern gegründeten palästinischen Städten lebten und arbeiteten, wie etwa in der Hafenstadt Caesarea, der Hauptstadt der römischen Verwaltung des Landes; besonders traf dies auf Juden außerhalb Palästinas zu, auch wenn sie, wie in Alexandria, seit Jahrhunderten ansässig waren. Verachtung und Haß entzündeten sich in der hellenistisch-römischen Gesellschaft gegenüber den Juden an ihrem Leben nach der Halacha. Allein die jüdische Ernährungsweise, die auf den religiösen Speise- und Reinheitsvorschriften beruht, schränkte die Kommunikation zwischen Juden und Nichtjuden ein. Auch der Zusammenschluß von Juden in eigenen Gemeinwesen, die wie ein Staat im Staat erschienen, ließ die Bevölkerungsmehrheit den Unterschied zu den Juden erfahren, die in ihrer Mitte lebten. Daß Juden, die sich in „griechischen" Städten, wie Alexandria, Neukratis und Ptolemais, niederließen, die gleichen bürgerlichen und politischen Rechte für sich beanspruchen konnten, empfand die Mehrheit der hellenistischen Bevölkerung als Zumutung.

b) Römische Einheitskultur und jüdische Lebensform

Als sich die Völker unter dem Einfluß hellenistischer Politik und Kultur endlich als Griechen fühlten, stufte sie die römische Eroberung abermals zur unterworfenen Bevölkerung ab. Die in ihrer Ehre Verletzten suchten nach Mitteln, ihre Kränkung dadurch zu verringern, daß sie eine andere Minderheit herabsetzten. Da sie zum Kampf gegen die Römer zu schwach waren, richtete sich ihr Haß stellvertretend gegen die Juden. Deren Beharren auf dem Bekenntnis zu dem einen unsichtbaren, bildlosen Gott bot allen Angehörigen der völkerverbindenden Einheitskultur genügend Reibungsflächen. Die national-religiöse Lebensweise der Juden, die auf Leben und Tod um die Bildlosigkeit ihres Gottes, um die Einhaltung der Speisegebote oder um die Heiligung des Schabbat rangen, ließ Abneigung gegen sie in konservativen Kreisen aufkommen. Selbst philosophisch Gebildete, die in Götterbildern nur symbolische Darstellungen der Naturkräfte sahen, empfanden es als Ärgernis, daß die Juden sogar die üblichen kultischen Handlungen unterließen, obwohl ihre Deutung jedem freistand. Dazu kam, daß die Römer, um ihre Macht zu stützen, den Juden weitgehende Autonomie im eigenen Land und umfassende Gemeinderechte in den Wohnsitzen außerhalb ihres Landes gewährt hatten. An dieser Vorzugsstellung der Juden entzündete sich der Neid der anderen Bevölkerungsteile. Da die Juden trotzdem jederzeit zum politischen Konflikt bereit waren, wenn sie ihr religiös-soziales Zivilisationsmodell gefährdet sahen, erschienen sie den Römern, die von dem Recht ihrer Weltherrschaft überzeugt waren, und den sich ihr unterordnenden Völkern als ein von Natur aufrührerisches, unbotmäßiges, bösartiges Volk.

c) Das Judenbild römischer Schriftsteller und sein Einfluß

Ihrer Zeit und der Nachwelt vermittelten die römischen Schriftsteller Cicero, Horaz, Seneca und Tacitus von den Juden, die nach Freiheit vom römischen Joch strebten, das Bild eines kleinen abergläubischen Volkes der Fremdenhasser und Sabbat-Faulenzer. Es stelle sich außerhalb der Gesetze von Macht und Kriegsglück, die alle anderen Völker anerkannten, und kämpfe gegen die römische Friedensherrschaft in der Überzeugung, von seinem unsichtbaren Gott auserwählt zu sein. Wie der moderne Antisemitismus, so schuf auch der antike Judenhaß entgegengesetzte Argumente: Einmal diente die politische Schwäche der Juden als ein schlagender Beweis für ihre religiöse Minderwertigkeit (Cicero); zum anderen schrieb man den Bräuchen dieser sündhaften Nation eine starke Anziehungskraft zu und sah in ihrer Übernahme etwas Bedrohendes. Auch das Ungereimte fand Gehör: Die besiegten Juden hätten ihre Gesetze den Siegern aufgezwungen (Seneca nach Augustinus).

Das Fehlurteil des römischen Historikers Tacitus[3] über Juden und Judentum hat nicht nur im Altertum und Mittelalter großen Einfluß ausgeübt; bis in das 20. Jh. haben judenfeindliche Schriften es immer wieder zitiert. Die Judenfeindschaft im Altertum brachte judenfeindliche Darstellungen[4] hervor, deren sich der religiös begründete Antisemitismus im Mittelalter und in der Neuzeit bediente. Diese Propaganda- und Reizmittel sind unter dem Stichwort „Ritualmord" in die Geschichte des Antisemitismus eingegangen. Die negativen Abbilder verunglimpften das jüdische Volk und seine Religion; die „Ausgeburt", die man infolge der eigenen kulturellen Bestimmungen zu sehen wünschte, rechtfertigte dann stets den Kampf gegen die Juden.

d) Der Herrschaftsanspruch der Kirche

Mit der heidnischen Welt hatte sich das Judentum vornehmlich auf kulturellem Gebiet auseinandersetzen müssen, weil das heidnische römische Reich die Existenz von Nationalreligionen nicht in Frage stellte. Die Beziehungen zwischen den Juden und ihrer Umwelt veränderten sich jedoch grundlegend, als das Christentum nach seiner Privilegierung durch Kaiser Konstantin (313) an Ansehen und Macht gewann und die Kaiser Theodosius der Große und Gratianus die Religionsfreiheit beendeten und die katholische Kirche zur alleinberechtigten Staatskirche erhoben (380). Die christliche Kirche verstand sich als Nachfolgerin des „geistlichen

Israel“ und der heidnischen Welt; daraus leitete sie ihren religiösen und politischen Herrschaftsanspruch her. Sie sah es als ihre Aufgabe an, das Heidentum auszurotten. Das Judentum „in dieser Welt“ erkannte sie jedoch nur in dem Glauben an, daß die allgemeine Bekehrung der Juden der „künftigen Welt“ vorbehalten sei.

e) Das jüdische Zerrbild der frühchristlichen Theologie

Die Kirche förderte systematisch den Judenhaß. Die Kirchenväter übernahmen nicht nur unkritisch die Diskriminierungen der Juden aus dem vorchristlichen Altertum; sie verschärften sie sogar und pflanzten dadurch der christlichen Verkündigung den Kampf gegen die Juden ein. Dabei ist bemerkenswert, daß schon die frühchristlichen Theologen sich gar nicht mit tatsächlich lebenden Juden auseinandersetzten. Die Kirchenlehrer vermieden jeden Gedankenaustausch mit Juden, der zu einem besseren Verständnis der Hebräischen Bibel und ihrer jüdischen Auslegung hätte beitragen können. Im Zusammenhang innerchristlicher Lehrstreitigkeiten schufen sie ein jüdisches Zerrbild, gegen das sie ihre religiösen Polemiken richten konnten.

Die älteste erhaltene „Kirchenordnung“ (um 100 n. Chr.) hob die Christenheit nachdrücklich von den Juden als „den Heuchlern“ ab.[5] Bischof Ignatius (gest. 110) schrieb der Gemeinde von Magnesia, daß Judenchristen, die weiter nach dem jüdischen Lebensweg lebten, das Christsein verloren hätten. Ebenso wies die erste programmatische antijüdische Theologie (um 135) solche Judenchristen scharf zurück, die ihr Leben nach den jüdischen Verhaltensregeln mit ihrer Zugehörigkeit zum jüdischen Volk legitimierten; denn die Juden hätten den Bund für immer eingebüßt; die christliche Kirche habe ihr Erbe angetreten und lege ihre Bibel, die das Judentum stets mißverstanden hätte, legitim aus.[6] Auch eine frühere christliche Quelle[7] dokumentiert die Auffassung, daß die heiligen Schriften der Juden in den Besitz der Christen übergegangen seien. Nach ihrer Vorstellung von der abschließenden Offenbarungsgeschichte bestehe das Judentum neben dem Christentum nicht weiter.

Der Kirchenlehrer Tertullian (gest. gegen 220) legte in seiner antijüdischen Streitschrift die Erzählung von Jakob und Esau so aus, daß die Juden den Christen unterworfen sein müßten. Alle anderen wichtigen antijüdischen Schriften der westlichen Theologen aus vorkonstantinischer Zeit stimmten mit Tertullians Auffassung von den Juden überein. Der Jude in der Schrift des frühchristlichen Apologeten griechischer Prägung Justin nimmt nicht als wirklicher Partner an dem „Gespräch" mit dem Christen teil; er dient Justin lediglich als Fragesteller, dem er in seinem großen Monolog antworten und theologisch begründen kann, warum die Juden den Christen unterzuordnen seien.[8]

Nach den christlichen Quellen trennten sich die heidenchristlichen Gemeinden bereits von Beginn des 2. Jh. n. Chr. an von ihren judenchristlichen Gliedern und vom jüdischen Volk. Frühchristliche Theologen verkündigten in ihren antijüdischen Kampfschriften die Verwerfung oder sogar den Tod der Juden. Im 3. Jh. war diese Linie zu einer „Gegen die Juden" gerichteten Literatur ausgewachsen. Zwar vollzog sich der antijüdische Kampf der Kirchenlehrer völlig theoretisch auf dogmatischer Ebene. Er führte auch in den folgenden Jahrhunderten nicht notwendig zur praktischen Judenfeindschaft. Aber auch in den Epochen friedlichen Miteinanderlebens verzichteten die christlichen Theologen nicht auf die geistige Konfrontation. Sie beeinflußten nicht nur das Denken und Handeln des Kirchenvolks; sie fanden nach Konstantin (312–337) ihren Ausdruck auch in der beleidigenden Sprache der antijüdischen kaiserlichen Gesetzgebung sowie in Regierungs- und Verwaltungserlassen auf allen Ebenen.

e) Jüdisches Leben unter fremden Kulturen

Die Mehrheit der Juden lebte in den ersten Jahrhunderten der Übergangszeit von der Antike bis zur Entstehung der modernen westlichen Welt noch in Asien und in Nordafrika, im oströmischen, d. h. christlich-byzantinischen Reich und in den sich von Arabien ausbreitenden islamischen Imperien. In Zivilisation und Kultur war das Judentum dem sich umbildenden Europa weit überlegen. Zwischen dem 8. und 12. Jh. verschob sich die jüdische Siedlung von Osten nach Westen, so daß vom 12. bis in das späte 14. Jh., mit Einschränkung noch bis in das 20. Jh., die Mehrheit des jüdischen Volkes im christlichen Europa lebte und hier ihre wirtschaftliche Existenz suchte. Die Juden füllten in der Wirtschaft des jeweiligen Landes stets nur Lücken, die von den bevorrechtigten Einheimischen noch nicht besetzt waren und die ihnen als Nichtchristen Kirche, Staat und Gesellschaft noch nicht versperrt hatten. Im 10. bis 11. Jh. spürten die mittel- und osteuropäischen Juden *(Aschkenasim)* den wachsenden religiösen und sozialen Druck, durch den die Christenheit sie zum Abfall von der jüdischen Religion bewegen wollte.

f) Gewalterfahrungen im Mittelalter

Die Juden erlebten das Mittelalter als eine Geschichte von Schändungen, Gewalttätigkeiten, Verfolgungen, Vertreibungen und Enteignungen. Konnten sie in den vorangegangenen Jahrhunderten Bekehrungsforderungen der Christen noch entrüstet ablehnen, so wurden sie nun in die Entscheidung gezwungen: ‚Bekenne dich zum christlichen Glauben oder stirb!‘ Der erste Kreuzzug (1096) eröffnete für die Juden, die in christlichen Ländern lebten, eine Epoche zu erleidender Grausamkeit und der „Heiligung des göttlichen Namens“ *(„Kiddusch Ha-Schem“)* in Martyrien, weil sie an ihrem Bekenntnis des Einen Gottes festhielten.

g) Christliche Vorstellungen von den Juden und ihre Wirkungen

Die allegorischen Darstellungen in der sakralen christlichen Kunst setzten die Juden herab. Verleumdungen und Beschuldigungen in Predigten und kirchlichen Lehren sowie die öffentliche Verdammung des Talmud säten im 12. und besonders im 13. Jh. Judenhaß. Er brach immer dann aus, wenn die christlichen Massen in Spannungszeiten in den jüdischen Außenseitern der Gesellschaft einen „Blitzableiter" fanden: Sie beschuldigten in Röttingen die Juden der Hostienschändung (1298) und verdächtigten die Juden, durch Brunnenvergiftung den „Schwarzen Tod" verursacht zu haben, um die gesamte Christenheit zu vernichten (1348); Verfolgungen und Massaker überzogen daraufhin die aschkenasischen Gemeinden.

Das Vertreibungsschicksal erlitten die spanischen und portugiesischen Juden *(Sefardim)*: Nach Einführung der Inquisition und nach der Einung Spaniens zu einem Gesamtstaat wiesen die „katholischen Könige" 1492 alle Juden binnen einer Frist von drei Monaten aus Spanien aus, die nicht zum Christentum übergetreten waren. Wenige Jahre später mußten auch die Juden in Portugal zwischen Taufe und Vertreibung wählen. Aus England waren die Juden schon 1290 vertrieben worden. In wirtschaftlichen und sozialen Krisenzeiten benutzten die christlichen Gesellschaften die Juden, um sie als Sündenböcke aus ihren Grenzen auszuweisen. Trotz der Abwesenheit von Juden erhielten sich antijüdische Stereotypen in der Literatur und in der volkstümlichen Tradition. Die theologisch-kirchlichen Vorstellungen von den Juden als einem minderwertigen und zu erniedrigenden Volk zeigten vom 12. Jh. bis zum Beginn der Neuzeit ihre Wirkungen: Der Haß auf die jüdische Minderheit fand Aufnahme in der Gesetzgebung; man führte demütigende Trennungszeichen für Juden ein, im Abendland seit dem IV. Laterankonzil von 1215, und sperrte sie in Ghettos, zum ersten Male 1516 in Venedig.

Die absolutistischen Staaten Europas zwischen dem 16. und 18. Jh. hatten Platz für die Juden, wenn sie ihren Herrschern behilflich waren, ihre Einkünfte unabhängiger zu gestalten und dazu neue Wege der Wirtschaft zu erschließen. Aus der Aufnahme und Stellung der Juden ergaben sich jedoch negative Folgen: Aus wirtschaftlicher Konkurrenz, politischer Feindschaft, aus Neid auf das erworbene gesellschaftliche Prestige der verachteten Minderheit oder aus Verteidigung des eigenen sinkenden Ansehens gegen den sozialen Aufstieg einer neuen Klasse entstanden Gruppenspannungen zwischen Juden und Christen.

Den überkommenen stereotypen Vorstellungen vom Juden als dämonischem Schädling der Christen schloß sich der Haß des altansässigen Stadtbürgers an, der seine Rechte und wirtschaftliche Existenzgrundlage gegen den Verderber der „guten alten" Sitte verteidigte. Er trachtete danach, den Durchbrecher altväterlicher Tradition und den wirtschaftlichen Konkurrenten mittels moralischer Argumente auszuschalten und ihm das Aufenthaltsrecht zu entziehen.

Für die Juden endete das Mittelalter mit seinem System der Sonderrechte für Stände und Klassen der Gesellschaft und der sonderrechtlichen Beschränkungen für die Juden erst mit der Proklamation der unveränderlichen Menschenrechte in der Amerikanischen Unabhängigkeitserklärung von 1776 und mit der Auffassung von Freiheit, Gleichheit und Brüderlichkeit aller Menschen, die durch die Französische Revolution seit 1789 verbreitet wurde.

3. Moderner Antisemitismus

a) Emanzipationsangebot und Antisemitismus

Mit der Erklärung der Menschenrechte boten die europäischen Zivilisationen den Juden das Recht auf Bürgerschaft in den politischen Systemen an und damit die Teilhabe am wirtschaftlichen, politischen und kulturellen Leben der sie umgebenden Gesellschaften. Aber der Emanzipationsprozeß beanspruchte noch einmal fast hundert Jahre. Die letzten Ghettos wurden in Frankreich, England und Österreich 1867, in Deutschland erst 1871 geschlossen. Nicht freiheitliche Gesinnung führte in Deutschland zur Freiheit der Juden. Wie ihre Handhabung zeigte, war sie ein obrigkeitsstaatlicher Gnadenakt: Ein ungeschriebenes Gesetz versperrte den Juden auch weiterhin die Beamtenlaufbahn, die Zulassung als Richter und Universitätslehrer.

Das Emanzipationsangebot der europäischen Zivilisationen zwang die Juden, ihre nationale Identifikation preiszugeben; es schloß aber auch die prinzipielle Ablehnung alles Jüdischen ein. Sie stützte sich auf den christlich-immanenten Antijudaismus und verstärkte ihn durch säkulare, nationale und rassistische Vorstellungen der neuen Erscheinungsform des alten Judenhasses. Politisch und gesellschaftlich konkretisierte er sich in einer starken antisemitischen Bewegung gegen Assimilation und kulturelle Integration. Er konstruierte den Gegensatz zwischen der fremden, orientalischen „jüdischen Art" und dem „arisch-christlichen Geist", der Europas Völker beherrsche. Er erhob die Unveränderlichkeit ihrer jeweiligen Natur und darum die ewige Feindschaft zwischen beiden zum antisemitischen Glaubensgrundsatz: Die Juden könnten niemals ein Teil der europäischen Nationen werden.

Die Ereignisse am Ende des 19. Jh. veranschaulichen, wie zerbrechlich die Emanzipation der Juden war, als sie verwirklicht werden sollte: In Rußland kam es 1881/82, 1894 und 1903 zu schweren Ausschreitungen gegen die Juden, noch bevor eine emanzipatorische Gesetzgebung durchgeführt werden konnte. In Frankreich entwickelte sich mehr als ein Jahrhundert, nachdem die Gleichheitsrechte verliehen waren, die neuzeitliche judenfeindliche Bewegung aus religiöser Herkunft zu einer politischen antisemitischen Welle während der Dreyfuß-Affäre zwischen 1894 und 1906.

Im deutschen Kaiserreich manifestierte sich der moderne Judenhaß in der politischen Erscheinungsform von Adolf Stoeckers „Berliner Bewegung" von 1880 fast gleichzeitig mit dem Abschluß des Emanzipationsprozesses. Sie fand mit wachsendem Erfolg Anklang in der konservativen Aristokratie, am Hof und unter den Offizieren, in der Beamtenschaft und vor allem bei den Studenten. Die „jüdische Frage“ wurde zum Thema in den Publikationsorganen, auf der Straße und in den Salons. Der moderne Antisemitismus hielt die unterschiedlichsten politischen Richtungen zusammen. Der Berliner Hofprediger Stoecker betrachtete das „moderne Judentum“ als den Wegbereiter des Liberalismus, der das überkommene gesellschaftliche Gefüge zerstöre. Die Juden hätten die Emanzipation als die Erlaubnis mißverstanden, sich gleichberechtigt als Deutsche zu verhalten. Er forderte sie auf, die Stellung geduldeter Fremder anzunehmen.[9] Stoeckers „Bewegung“ traten Menschen bei, die sich von dem Gefühl leiten ließen, die Juden stellten eine Gefahr für das materielle und geistige Wohl der deutschen Gesellschaft dar. Der Historiker Heinrich von Treitschke stimmte mit den entscheidenden Anstößen der „Bewegung“ überein; er verhalf dem Antisemitismus durch seine Veröffentlichungen[10] im akademisch gebildeten Judentum zu Ansehen: „Wir wollen nicht, daß auf die Jahrtausende germanischer Gesittung ein Zeitalter deutsch-jüdischer Mischkultur folge.“ Seine Ausführungen gipfelten in dem Ausspruch, der in allen antisemitischen Schriften zitiert wurde: „Die Juden sind unser Unglück.“ Dieses Leitwort des neuzeitlichen Antisemitismus diente auch der nationalsozialistischen propagandistischen Wochenschrift „Der Stürmer“, um die Vernichtung der Juden vorzubereiten und zu begründen.

b) Wirtschaftlicher Antisemitismus

Der Aufstieg der deutschen Mittelklasse seit dem Ende des 18. Jh. fiel zeitlich mit der Emanzipation des deutschen Judentums zusammen. Juden ergriffen Berufe, die ihnen nun offenstanden. Die mehr oder weniger erzwungene Konzentration von Juden in bestimmten Berufsfeldern lieferte dem Antisemitismus Stoff, der sich auf wirtschaftliche Argumente stützte. Die deutsche Mittelklasse, die jeder politischen Macht entbehrte, war anfällig für die Propaganda. Sie gebrauchte das stereotype Bild vom Juden, der durch Veranlagung ein Händler ist, der Berufe vorzieht, die mühelosen Gewinn bringen, dessen geschäftliches Verhalten unmoralisch ist und der bleibende Werte nicht zu schaffen vermag. Sie verknüpfte es mit den unerwiesenen Behauptungen, die Juden beherrschten als Besitzer des Kapitals das Wirtschaftsleben und mittels ihrer internationalen Verbindungen den Handel. Die sozio-ökonomische antisemitische Erscheinung weckte Haß und Neid gegenüber den vermeintlichen Ausbeutern in denen, die sich durch ökonomische Macht ausgenutzt fühlten; sie untergrub die Stellung der Juden bereits vor dem tatsächlichen Beginn der NS-Gewaltherrschaft.

Der wirtschaftliche Antisemitismus drückte im revolutionierten Wirtschaftsleben bei den Opfern der neuen Umstände eine antikapitalistische Sehnsucht und die Suche nach den Schuldigen aus. Man fand sie in den Juden, weil sie zunächst als die sichtbare Spitze der Entwicklung erschienen. Ihre Fremdheit verunsicherte die Umwelt und bekräftigte den Verdacht. In dem wirtschaftlichen Niedergang nach 1918 wurde der Antisemitismus zur treibenden Kraft aller oppositionellen Strömungen gegen die Weimarer Republik. Die NS-Propaganda benutzte den Haß auf die Juden, um die Arbeitslosen, deren Zahl seit der 1929/30 einsetzenden Wirtschaftskrise auf über sechs Millionen angestiegen war, gegen die „Judenrepublik“, das „jüdisch-demokratische“ und „jüdisch-marxistische System“ aufzustacheln.

c) Kultureller Antisemitismus

Das Unbehagen an der geistigen Situation gesellte sich zu dem Unbehagen an der ökonomisch-sozialen Lage. Auch hier traten die Juden am auffälligsten in Erscheinung; der wahren Problematik völlig unangemessen wurden sie mit den treibenden Kräften gleichgesetzt. Die neuzeitliche Judenfeindschaft ist ein kultureller Antisemitismus. Er erweiterte das Antisymbol zum Bild des zersetzenden Juden. Die Rassenideologie leitete von der Rassenzugehörigkeit die Hochwertigkeit bzw. Minderwertigkeit einer Menschengruppe und damit des einzelnen Menschen ab. Obwohl sie den Ergebnissen der naturwissenschaftlichen Anthropologie nicht standhalten konnte, setzte sie der deutsche NS-Staat in seiner gesamten Judenpolitik konsequent in die Tat um.

d) Staatsterror gegen die Juden

Im Deutschen Reich lebten 1933 etwa 400.000 Juden deutscher Staatsbürgerschaft und 109.000 Juden ohne deutsche Staatsbürgerschaft. Dazu kamen 380.000 Christen „jüdischer Abstammung".[11] An der großen Zahl der getauften Juden im Verhältnis zur Gesamtgröße der jüdischen Gemeinschaft in Deutschland läßt sich die soziale Nähe des jüdischen Teils zur Mehrheit der Bevölkerung in Deutschland ablesen.

Mit der Errichtung des „Dritten Reichs" setzte eine neue und weltgeschichtlich einmalige Phase des modernen Antisemitismus ein. Die terroristische Verfolgung durch das NS-Regime begann mit einzelnen antijüdischen Maßnahmen; Notverordnungen und das Ermächtigungsgesetz verliehen ihnen den Anschein von Legalität (1933–35): Der organisierte Boykott jüdischer Geschäfte am 1. April 1933 verfolgte das erklärte Ziel des Systems, die Juden als „Nichtarier" und Volksschädlinge zu diffamieren, ihren wirtschaftlichen Einfluß einzuschränken und den jüdischen Anteil am akademischen Studium und an akademischen Berufen zu begrenzen. Das erste umfassende Gesetz versetzte jüdische Beamte in den Ruhestand und versperrte Juden den Zugang in den Staatsdienst.

In der nächsten Phase (1935–38) wurde das Rassenprinzip zur rechtlichen Grundlage der Staatsbürgerschaft in dem „Reichsbürgergesetz" und dem „Gesetz zum Schutze des deutschen Blutes und der deutschen Ehre" vom 15. September 1935 sowie in einer Fülle von Durchführungsverordnungen erhoben. Juden wurden von der „Reichsbürgerschaft", von der Teilnahme am politischen Leben und von der Bekleidung öffentlicher Ämter ausgeschlossen. Eheschließungen und außerehelicher Geschlechtsverkehr mit Juden wurden unter Zuchthaus-, in bestimmten Fällen sogar unter Todesstrafe gestellt. Alle Verwaltungsvorgänge, Eheschließungen oder Berufszulassungen forderten den „Abstammungsnachweis“. Juden durften nicht mehr öffentliche Schulen besuchen und wurden vom Wehrdienst ausgeschlossen. Der Verlust des bürgerlichen Rechtsschutzes isolierte den jüdischen Bevölkerungsanteil politisch, juristisch und sozial völlig.

Der organisierte SS- und SA-Pogrom vom 9. auf den 10. November 1938 leitete die dritte Verfolgungsphase im Deutschen Reich ein (1938–41). Die NS-Propaganda stellte freilich die Ausschreitungen, die sie höhnisch „Reichskristallnacht“ nannte, als „spontane Reaktion“ hin, mit der das deutsche Volk auf die Ermordung des deutschen Botschaftssekretärs in Paris, Ernst vom Rath, durch den 17jährigen Herschel Grünspan geantwortet habe. Dieser hatte zuvor von der Abschiebung seiner Eltern nach Polen erfahren, woher sie einst nach Hannover eingewandert waren. Die Juden mußten nicht nur den Schaden selbst beheben, den die NS-Banden an ihren Geschäften und Wohnungen angerichtet hatten, sondern darüber hinaus noch 1,25 Milliarden Reichsmark als „Sühneleistung“ an das Reich zahlen. Diese Handlungen bedeuteten für viele jüdische Familien den wirtschaftlichen Ruin und den Verlust ihrer Existenzgrundlage.

Durch weitere gesetzliche Regelungen wurden die Juden nun systematisch aus der Wirtschaft entfernt. Der Geltungsbereich der antijüdischen Gesetze und Verordnungen erstreckte sich auf Gebiete, die dem Deutschen Reich einverleibt bzw. „angegliedert“ wurden – Österreich ab März 1938, die Tschechoslowakei ab März 1939. Sie galten seit Kriegsbeginn am 1. September 1939 auch für die eroberten und unter die NS-Herrschaft gezwungenen Staaten in fast ganz Kontinentaleuropa.

e) Deportationen und Mord

Der Einfall der deutschen Wehrmacht in Polen steuerte zahlreiche Pogrome. Nach Beendigung des Polenfeldzugs setzten die Deportationen von Juden nach Polen ein. Der „Judenstern" wurde zuerst in dem von deutschen Truppen besetzten Gebiet Polens, im sogenannten Generalgouvernement, im Herbst 1939 zwangsweise eingeführt; für die Juden des Reiches geschah dies durch Polizeiverordnung vom 1. September 1941 an. Während des ganzen Zweiten Weltkrieges folgten der Eroberung und Besetzung eines Landes Judenverfolgung und Deportationen.

Mit dem von Hitler befohlenen Angriff auf die Sowjetunion setzte die letzte Phase der Judenverfolgung ein (1941–45). Besondere „Einsatzgruppen" – Sonderkommandos der SS und der Polizei – erhielten den Auftrag, Juden, Sinti und Roma und politische Kommissare in den besetzten Ostgebieten zu „liquidieren". Sie ermordeten etwa eine Million Menschen, größtenteils Juden, durch Massenerschießungen und organisierte Pogrome. Seit dem Sommer 1941 begannen in Auschwitz die Handlanger des NS-Regimes mit Versuchen, die Vernichtung der Juden mit der technisch effektiveren und weniger Aufsehen erregenden Methode der Vergasung zu erreichen. Die sogenannte Wannseekonferenz am 20. Januar 1942 zur „Endlösung der Judenfrage" koordinierte die Maßnahmen zur Beseitigung des jüdischen Volkes. Das Ergebnis der NS-Judenpolitik war der Mord an mehr als einem Drittel des jüdischen Volkes, an zwei Dritteln der europäischen Judenheit.

IV. Jüdische Selbstbefreiung

1. Geschichtliche Voraussetzungen

a) Religion des Judentums oder jüdisches Volk

Die Geschichte der Emanzipation der Juden ist die Geschichte ihrer erneuten Verfolgung geworden. Doch ist sie zugleich die Geschichte des *Zionismus.* Denn Emanzipation, moderner Antisemitismus und Zionismus bilden nicht Einzelgeschichten, vielmehr *einen* komplexen geschichtlichen Zusammenhang: Der Aufbruch aus dem Ghetto bedeutete nicht nur Freiheit und Gleichstellung für die Juden. Die Bedrohung ihres Daseins blieb stets gegenwärtig; die Emanzipation konnte jederzeit in neue Diskriminierung und Verfolgung der Juden umschlagen, wenn politisch-ökonomische und soziale Umwälzungen in der gewohnten Lebensordnung die neuzeitlichen Gesellschaften erschütterten.

Der Zionismus entstand im Zeitalter des europäischen Nationalismus; aber er entwickelte sich nicht nur als *eine* Erscheinungsform des Nationalismus. Seine Ausgangsbedingungen unterschieden ihn von den nationalen Strömungen. Während bislang abhängige Stämme und Völker im Europa des 19. Jh. ihre staatliche Souveränität erstrebten, suchten alle zionistischen Richtungen, die Gleichung von Judentum und Religion wieder zu überwinden, die der Emanzipationsvorgang hervorgebracht hatte, und die Juden zum *jüdischen Volk* zu befreien, wie immer sie es im einzelnen auch auslegten. Denn die meisten westeuropäischen Juden hatten das Assimilationsangebot der bürgerlichen Gesellschaft angenommen: Mit Hilfe der Taufe fand ein Teil von ihnen den Zugang zur europäischen Kultur; ein anderer richtete sein Judentum nach dem Vorbild der christlichen Kirchen als „israelitische Religion“ oder „mosaische Konfession“ ein. Auf beiden Wegen meinten die Juden, sich den Nationen in Europa, in deren Mitte sie lebten, noch entschiedener anpassen und mit ihnen verschmelzen zu müssen, um dadurch dem Antisemitismus allmählich jede Angriffsfläche zu nehmen. Sie unterwarfen sich der Bedingung dieser staatsbürgerlichen Assimilation und gaben ihre jüdische Identität preis, derentwegen ihre Vorfahren das Ghetto nicht nur erduldet, sondern auch bejaht hatten.

b) Jüdische Emanzipation statt Assimilation

Die Französische Nationalversammlung hatte 1789 den aufklärerischen Grundsatz der bürgerlichen Gleichstellung der Juden formuliert: „Man soll alles den Juden als Nation verweigern und alles ihnen als Individuen gewähren; sie dürfen im Staat weder eine politische Körperschaft noch einen Orden bilden; sie sollen individuell Staatsbürger sein. Man behauptete, daß sie das nicht sein wollen. So mögen sie es sagen, und man verbanne sie dann; es darf keine Nation in der Nation geben.“[1] Die zionistische Emanzipation antwortete auf die Assimilation der Juden, die ihnen die Gesellschaft verordnet hatte.

Zum Vorläufer des politischen Zionismus wurde der Arzt und Schriftsteller *Leon Pinsker* (1821–91) über den lokalen Ausschreitungen gegen Juden in Odessa 1871 und der großen Pogromwelle, die über Rußland 1881 und 1882 hereinbrach. Er erkannte die beschämende Assimilationssituation für Juden, zugleich geplündert zu sein und beschützt werden zu müssen. Der Judenemanzipation von außen sollte eine jüdische von innen begegnen; jüdische nationale Selbständigkeit sollte der kulturellen Angleichung der Juden an ihre Umwelt widerstehen und damit die Aufhebung des Judentums in die jeweilige nationale Gesellschaft beenden.

Der Ausbruch des Judenhasses in Rußland hatte Leon Pinsker zu seiner Forderung der jüdischen Selbstbefreiung veranlaßt. Den wachsenden Antisemitismus in Mittel- und Westeuropa erlebte *Theodor Herzl* (1860–1904) während seiner Wiener Studentenzeit und besonders als Zeitungsberichterstatter im Zusammenhang mit dem Pariser Dreyfuß-Prozeß 1894/95. Er beeinflußte seine Entwicklung vom assimilierten Juden zum politischen Zionisten. Er hatte bereits die radikalen Gedanken Leon Pinskers und des Schriftstellers *Ascher Ginsberg* (1856–1927) in sich aufgenommen, der unter dem *Pseudonym Achad Ha-Am* als Kritiker, Mahner und Lehrer auf die Geschichte des Zionismus starken Einfluß ausübte. Theodor Herzl erkannte, daß die jüdische Assimilierung und kulturelle Integration einem besonders gefährlichen und neuartigen Antisemitismus Auftrieb geben könnte, der alle sozialen Schichten ergreifen würde.

c) „Liebe zu Zion"

In der zweiten Hälfte des 19. Jh. breitete sich die zionistische Bewegung der *Chibbat Zijjon* („Liebe zu Zion") über Rußland hinaus in den dicht mit Juden besiedelten Gebieten Ost- und Südosteuropas aus. Ihre Anhänger nannten sich *Chowewej Zijjon* („Zion-Liebende"). Seit den Pogromen in Rußland unterstützten sie Ansiedlungsprojekte in Palästina und gewannen für diese Idee auch Juden in England, Deutschland und Frankreich. Leon Pinsker befürwortete zwar die Chibbat-Zijjon-Bewegung; die landwirtschaftlichen Siedlungsprojekte in Palästina widersprachen jedoch seinen Vorstellungen von Autoemanzipation. Auch Herzl zog die Aufmerksamkeit der Juden von den protozionistischen philanthropischen Siedlungsunternehmungen ab; er wies sie den Weg zur Selbstbestätigung und Identifikation.

2. Jüdischer Staat oder geistig-kulturelles Zentrum des Judentums

Der Schriftsteller *Nathan Birnbaum* (1864–1937) schuf das Wort „Zionismus“ in seiner Wiener Zeitschrift „Selbstemanzipation“ (1890). Es sollte das Ziel jüdischer Kreise ausdrücken, eine unabhängige jüdische Nation in Palästina wieder aufzurichten. Historische Bedeutung erlangte der Ausdruck durch die organisatorische Form einer jüdisch-nationalen Renaissance-Bewegung, die Theodor Herzl 1896 ins Leben rief, sowie durch die Kongresse, denen der Begriff zu ihrem Namen verhalf und deren ersten Herzl 1897 nach Basel einlud. Von Anfang an mangelte es an einer einheitlichen Definition des Begriffs. Umstritten war, ob der Zionismus „für das jüdische Volk die Schaffung einer öffentlich-rechtlich gesicherten Heimstätte in Palästina“ („Baseler Programm“ von 1897) oder „einer nationalen Heimstätte in Palästina für das jüdische Volk“ (*„Balfour-Declaration“* von 1917) erstrebte; offen blieb, ob der Zionismus die Absicht verfolgte, „Palästina unter der Souveränität des Sultans zu kolonisieren“ (III. Baseler Kongreß von 1899) oder eine arabisch-jüdische Koexistenz in einem binationalen Staat zu erreichen, „in welchem Juden und Araber Seite an Seite als zwei gleichberechtigte Volksgruppen leben können“ („Zionistisches Konzept“, bestätigt von den Zionistenkongressen der Jahre 1921, 1925 und 1929).

Martin Buber hing der Vorstellung vom binationalen Staat an. Für ihn bedeutete Zionismus gesteigerte geistige jüdische Realität. Er erkannte, daß „jedes der beiden in Palästina nebeneinander und durcheinander lebenden Völker … Selbstbestimmung, Autonomie, freie Entscheidungsmöglichkeit“[2] benötigt. Buber widersprach einer zionistischen Nationalbewegung, die sich als vordringliches Ziel setzte, die physische Not der Juden zu beseitigen. Er traf sich darin mit den Ansichten von Achad Ha-Am, der in seinen Streitschriften als die wichtigste Aufgabe des Zionismus hervorhob, die kulturelle Krise als die Not des Judentums zu erkennen und sie dadurch zu beheben, daß unter den Juden wieder ein nationales Gemeinschaftsgefühl und die Verbundenheit mit dem Land geweckt würden. Die Gesamtjudenheit sollte sich daran beteiligen, in Palästina ein geistig-kulturelles Zentrum aufzubauen.[3]

Die kulturzionistischen Tendenzen von Achad Ha-Am, Martin Buber und anderen legten das Gewicht darauf, den „Geist des Judentums" als den bewegenden Faktor zionistischer Ideologie und Tätigkeit zu beleben. Die Vertreter eines „synthetischen" Zionismus verbanden die praktische Siedlungsarbeit mit dem politischen Handeln, das die gesetzlichen Grundlagen für die kleinen Schritte zionistischer Praxis schaffen sollte, wie Einwanderung, Landkauf und Kulturgründungen in Palästina. Theodor Herzl setzte sich für die Befreiung der Juden zu politischem Handeln ein. Er stellte die entscheidenden Weichen, daß die Pläne einer nationalen Wiedergeburt des jüdischen Volkes realisiert werden konnten. Aber auch in dem von ihm vertretenen „politischen" Zionismus reichten die Vorstellungen seiner Anhänger von einem säkular organisierten jüdischen Staat im Land Israel bis zu einer Religionsnation auf der Grundlage der rabbinischen Tradition.

Der Begriff „Zionismus" sammelt folglich eine Vielzahl emanzipatorischer Einzelaspekte. Er spiegelt damit die charakteristischen Züge der ideologischen Zielsetzungen und der Geschichte der zionistischen Bewegung wider.

3. Nationaljüdische Bewegung und zionistische Umgestaltung der jüdischen Tradition

a) Innerjüdische Auseinandersetzung

Auf eine fehllaufende Judenemanzipation folgte eine innerjüdische Auseinandersetzung als Antwort. Pinsker und Herzl wollten die „Judenfrage" durch Selbstbefreiung der Juden zum jüdischen Volk lösen. Sie wurde dadurch zugleich eine Frage an das Judentum selbst. Die nationaljüdische Bewegung war sich mit den emanzipatorischen und assimilierten Juden darin einig, daß der traditionelle jüdische Lebensweg (Halacha) nicht mehr zeitgemäß sei. Mit dieser Einstellung zog sie sich jedoch die leidenschaftliche Ablehnung und Feindschaft der Orthodoxie zu. Doch stimmte die nationaljüdische Bewegung mit dem traditionsgebundenen (toratreuen) Judentum darin überein, daß Judentum nationalen Charakter habe und deshalb auch weiter als jüdisches Volk erkannt werden müsse. Das assimilierte und nationalintegrierte Judentum verschloß sich diesem Verständnis. Die jüdische Nationalbewegung war in sich selbst vielfach ideologisch gespalten; sie entschied sich für die Säkularisation der Religionsnation. Sie beschloß, die Juden- und Judentumsfrage nationalstaatlich zu lösen.

b) Zionistische Ideologie

Die zionistische Ideologie gestaltete das überkommene jüdische Zivilisationsmodell in säkulare, politische und soziale Kategorien um. Die Erwartungen der messianischen Erlösung verliehen den zionistischen Bemühungen Schubkraft, die politisch-soziale Unterwerfung der Juden unter fremde Mächte und Systeme zu überwinden, die jüdische Nation im Land Israel wieder erstehen zu lassen und die jüdische Diaspora prinzipiell abzulehnen. In die moderne jüdische Kollektividentität brachte die rabbinische Lehre von der Solidarbürgschaft aller Juden füreinander die Impulse der Solidarität und gegenseitigen Verantwortung. Die zionistische nationalistische Bewegung aktualisierte das eigentümliche Verhältnis des Volkes Israel zu dem Land Israel nach biblisch-talmudischer Auffassung als ein neuartiges Verhältnis aller Juden zum Land ihrer Väter.

Diese zionistischen Visionen fanden in den Werken von Achad Ha-Am und in Herzls utopischem Roman „Altneuland“ (1902) ihren reinsten Ausdruck. Herzl war überzeugt davon, daß sich diese Visionen friedlich verwirklichen ließen. Wenn auch sein liberales und naives Vertrauen Realitätsnähe entbehrte, so erschloß sein Ausblick doch den Juden die Möglichkeit, in die Geschichte wieder als autonom Handelnde einzutreten.

c) „Normale“ Nation oder kultureller Auftrag

Erst der Verlauf der weiteren Geschichte deckte die elementaren Widersprüche auf zwischen der konkreten politischen Solidarität und der universalistischen Dimension des zionistischen Gedankens, der sich auf den Aufbau einer institutionellen Struktur richtete. Das Bestreben, eine „normale“ Nation zu werden, stand der traditionell verwurzelten Sehnsucht nach kultureller Einzigartigkeit oder einem speziell jüdischen Staat oder Gesellschaftssystem im Wege, die an das biblische Wort anknüpfte, „ein Licht für die Völker“ (Jes 42,6; 49,6) zu sein.

Die zionistische Aktualisierung der Land-Beziehung und die Reform der hebräischen Sprache bedienten sich der biblischen Bezüge in der jüdischen Tradition. Aber damit forderten sie das orthodoxe Judentum heraus, weil beide Elemente im rabbinischen Modell der rechtlichen und rituellen Ausrichtung untergeordnet sind und hinter Talmudstudium und Gebet zurücktreten. Anhänger der Ultra-Orthodoxie lehnten die Zionisten ab; sie warfen ihnen vor, die messianische Zukunft antizipieren und das Schicksal der Juden im geschichtlichen Hier und Jetzt in die eigenen Hände nehmen zu wollen. Assimilierte Juden wiederum lehnten wichtige kulturelle und ideologische Anliegen der Zionisten ab; dazu zählten die betonte Hinwendung zum Land Israel und die Wiederbelebung der hebräischen Sprache.

d) Osteuropäische und westeuropäische Zionisten

Die nationalstaatliche Bewegung traf im osteuropäischen Judentum auf eine weitgehend intakte und lebendige jüdische Kultur. Sie war kaum von der bürgerlichen Emanzipation und der jüdischen Aufklärung (Haskala) berührt. Die überwiegend aus Osteuropa stammenden Zionisten gehörten einer Massenbewegung an; sie verfolgten politische Ziele, die auf praktisches Handeln gerichtet waren. Dagegen waren Herzl und die meisten anderen westeuropäischen prominenten Zionisten säkularisiert und assimiliert. Die ostjüdische Kulturwelt blieb ihnen fremd. Das religiös bestimmte jüdische Denken und Fühlen wie auch die zionistisch-sozialistische Theorie und Praxis blieben ihnen verschlossen. Ihre mangelnde Kenntnis vom osteuropäischen Judentum wirkte sich für die nationaljüdische, nationalstaatlich-zionistische Bewegung bereits in der vorstaatlichen Siedlungsgemeinschaft im Land Israel und später verstärkt im Staat Israel aus. Bis in die heutige jüdische Gesellschaft in Israel hat das ostjüdische Nationalverständnis seinen gewichtigen Anteil im Ringen um jüdisches kollektives Selbstverständnis. Es bricht oft abrupt hervor beim Streit um das Verhältnis von Staat und Religion. Die zionistisch-nationalstaatliche Bewegung legitimiert sich aus der historischen Erinnerung: Sie aktiviert die Ansprüche auf das „Land der Väter" aus den biblischen Landverheißungen.

4. Ideologische Gegensätze und politische Gewichtungen

a) Von außen aufgezwungene Politisierung

Ein grundlegender Gegensatz beherrscht die Geschichte des Zionismus. Die einen betonten seine politische Dimension und suchten, das Problem der physischen Fortdauer der Juden zu lösen. Die anderen wollten den zivilisatorischen Aspekt der jüdischen Existenz zur Geltung bringen und die soziale und kulturelle Kreativität des Judentums entfalten. Keiner der Gegensätze, einerseits zu einer gewöhnlichen Gesellschaft oder Nation zu werden, andererseits aber sich der Bestimmung eines Volkes besonderer Art bewußt zu bleiben, erhielt in der Anfangszeit der zionistischen Bewegung und der Ansiedlung im Land das Übergewicht. Das Verlangen nach „Normalität“ wurde erst zu einer ideologisch-revolutionären Antwort auf die Realität jüdischen Lebens in Europa, besonders bei den Pionieren der ersten Einwanderungswellen (1882–1903). Der Aufbau der jüdischen Siedlungsgemeinschaft in Palästina hatte von den verschiedenen zionistischen Richtungen verlangt, daß sie wirtschaftliche, kulturelle und soziale Institutionen einrichteten.

Erst die zunehmenden Auseinandersetzungen mit Arabern und Briten gegen Ende der dreißiger Jahre riefen die latent gebliebenen Elemente wach und politisierten die zionistischen Unternehmungen. Daß dieser Prozeß sich gerade in der zionistischen Arbeiterbewegung vollzog, widersprach deren ursprünglicher Betonung der „konstruktiven“ Dimension.

Allein die Anhänger der Union der Zionisten-Revisionisten planten und handelten seit 1925 intensiv politisch. Unter ihrem Gründer *Wladimir Jabotinsky* (1880–1940) wollten sie zur Politik Herzls zurückkehren; sie erklärten zum wahren zionistischen Ziel, einen jüdischen Staat in Palästina errichten zu wollen – aber innerhalb seiner historischen Grenzen beiderseits des Jordan. Jedoch schloß sich die Mehrheit der zionistischen Bewegung ihrem Groß-Israel-Standpunkt nicht an.

Die zionistische Politik während des britischen Palästina-Mandats (1920/22–1948) betrieb Einwanderung, Landerschließung mit der Bildung einer politischen, wirtschaftlichen und sozialen Infrastruktur sowie politischen und bewaffneten Kampf um die Gründung eines unabhängigen Staates. Diese Schwerpunkte einten die unterschiedlichen zionistischen Gruppierungen, so sehr sie auch ideologisch und politisch miteinander rivalisierten.

b) Staat Israel

Die Proklamation des Staates Israel am 14. Mai 1948 forderte von allen gesellschaftlichen Gruppierungen, ihre bestehenden Institutionen in das staatliche System zu integrieren. Das Ringen um jüdisches Bewußtsein mußte hinter die existentiellen Bedingungen des jüdischen Daseins zurücktreten. Die wachsende außenpolitische Unsicherheit, die um sich greifende arabische und internationale Gegnerschaft gegen die zionistische Wiederbesiedlung des Landes, die Notwendigkeit, immer mehr Mittel für Verteidigung und Sicherheit aufzubringen, nicht zuletzt die Schwierigkeiten, die sich aus der Situation eines kleinen Staats- und Gesellschaftswesens ergeben, verlagerten die Gegensätze von der ideologischen auf die pragmatische Ebene.

Seit der Staatsgründung stellten sich als Aufgaben für die zionistische Politik: Sicherheit, Eingliederung der Masseniммigration und dazu erforderliche Wirtschaftsorganisation. Die Einwanderung in den jungen Staat warf Probleme auf, die zu lösen waren: Wie konnten Juden, die aus etwa achtzig Ländern und aus unterschiedlichen Kulturen zurückkehrten, in die neue jüdische Gesellschaft in Israel eingegliedert werden? Wie sollten die Wirtschaft entwickelt und die erforderlichen Ressourcen erschlossen und wie Staat und Gesellschaft militärisch und politisch geschützt werden? Als Aufgabe stellt sich seit einigen Jahren die Eingliederung der großen Anzahl von russischen Neueinwanderern.

Die überwiegende Mehrheit der Angehörigen der fünf zionistischen Einwanderungswellen vor 1940 hatte sich aus Aschkenasim zusammengesetzt. Diese aus Mittel- und Osteuropa stammenden Juden bildeten bei der Staatsgründung etwa 80 Prozent der jüdischen Bevölkerung Israels. Ein zahlenmäßig geringer Teil der Israelis wurde kulturell und traditionell vom spanischen Judentum geformt. Diese Sefardim lebten vor ihrer Vertreibung 1492 in Spanien und Portugal. Sie ließen sich danach in Südosteuropa, in Nordafrika und Asien, aber auch in den Niederlanden, in England, Nordwestdeutschland sowie in Amerika nieder. Im Gegensatz zu den Aschkenasim und Sefardim stammen die Vorfahren der *orientalischen Juden* aus den Ländern des Nahen Osten, Südwestasiens, Nordafrikas und aus Indien. Der Anteil der orientalischen Juden afro-asiatischer Herkunft stieg bis 1989 auf 42 Prozent der jüdischen Bevölkerung Israels. Mit der Immigration von Juden aus der ehemaligen Sowjetunion haben Israels Neueinwanderer aschkenasischer Herkunft wieder die Mehrheit erlangt.

Der Staat Israel kennt sogenannte Grundgesetze, die nur mit absoluter Mehrheit der Abgeordneten des Parlaments (der *Knesset*) geändert werden können; sie betreffen die fundamentalen Fragen der Staatsführung und der Gesellschaftsordnung. Gegen eine Verfassung sträuben sich seit der Staatsgründung orthodoxe Parteien, die als parlamentarisches „Zünglein an der Waage" Macht ausüben. Aus ihrer Sicht steht das Volk Israel seit dem Empfang der Tora am Sinai unter der göttlichen Verfassung, deren verbindliche Auslegung heute die orthodoxen Rabbiner für sich beanspruchen.

c) „Land unserer Väter" oder „Land für Frieden"

Die zionistische Bewegung hat sich im Verlauf einer hundertjährigen Geschichte von ihren ursprünglichen Hoffnungen und Plänen entfernt. Pinsker und Herzl hatten als *„Territorialisten"* begonnen, die für die Selbstbefreiung des jüdischen Volkes das Land brauchten. Die politischen Vorgänge in Mittel- und Osteuropa zwangen sie zur *„Zionswende"*: Sie gaben dem Land als der *„dinglichen Grundlage"* des Staates den Vorrang vor dem Volk. Seit 1977 wächst in der israelischen Gesellschaft eine nationaljüdische Übereinkunft. Ihr Israel-Zentrismus möchte die zionistische Sehnsucht nach einem unabhängigen jüdischen Staat in einer jüdisch-israelischen Religionsnation verwirklichen. Die dingliche Basis *„Land"* ist zu dem Faktor der zionistischen Politik geworden, der alle anderen Themen und auch das Verhältnis von Staat und Religion beherrscht.

Die Frage, wie Israel mit den seit 1967 besetzten Gebieten umgehen soll, beantwortet das vereinigte Rechtsbündnis mit dem historischen Rechtsanspruch auf *„Juda und Sama-*

ria", den endlich befreiten Teilen des ganzen „*Landes unserer Väter*". Für die Wähler der Arbeiterpartei und der anderen Gruppierungen im „*linken*" politischen Lager dienen die besetzten Gebiete entweder als militärischer Sicherheitsgürtel für das israelische Kernland oder aber als Faustpfand zum Frieden (Schlagwort: „Land für Frieden") mit den arabischen Staaten, die Israel zum Verteidigungskrieg 1967 genötigt hatten, und mit der palästinensischen Bevölkerung in den von Israel verwalteten Gebieten.

V. Lebendiges Judentum

1. Fortlaufende Interpretation

a) Weitergabe der Weisung

Das Judentum war und ist lebendiger als die Erscheinung, die sich historisch und religionswissenschaftlich bestimmen läßt. Die *Hebräische Bibel* ist als Grundlage für das Judentum unentbehrlich, aber nicht mit ihm völlig gleichzusetzen. Die Hebräische Bibel ist für sich genommen noch kein eigentlich jüdisches Buch; aber sie löste einen ertragreichen und unaufhörlichen Formungsprozeß aus, der im Judentum geschichtlich greifbar wird.

In der Periode des Ersten Tempels (10.–6. Jh. v. Chr.) gehörte zum Priesteramt die Vermittlung des „*Wissens um Gott*" (Hos 4,1.6; 6,6; Jes 28,9). Sie sollte die Bereitschaft der Menschen wecken, ihr alltägliches Verhalten als Gottesdienst zu verstehen, in dem sich Gottes eigene Verhaltensweise auswirkt (Dtn 7,9ff). Die Weitergabe der göttlichen Willenskundgabe scheint bereits im 8. Jh. v. Chr. in Israel und Juda in Lehr- und Lernvorgängen an den Heiligtümern beheimatet gewesen zu sein. Bei dem „*Wissen um Gott*" handelte es sich um die Berichte von den Gottestaten in Israels Frühgeschichte (Hos 8,1–3; 11,1.3; 13,4f; Jer 2,2–13) und um das von dem Handeln Gottes getragene Gottesrecht (vgl. Hos 4,2 mit Ex 20; Dtn 31,10f; Jer 7,6.9). Dieser Kanon von Geschichtserzählungen und den Satzungen des Bundes erhielt schon früh die Bezeichnung „*Tora*" (Hos 4,6). Die Menschen sollten die „*Lehre*" oder „*Weisung*" (Dtn 33,10; Jes 2,3; Mi 4,2) „*hören*" und „*lernen*" (Dtn 31,12), um danach zu leben (Dtn 4,1). Die Leute erwarben das „*Wissen um Gott*" wohl bei der regelmäßig zu wiederholenden Tora-Lesung und -Betrachtung vor der Volksversammlung (Dtn 31,12; Hos 4,6; Jes 28,9). Diese Weisung umfaßt Israels Leben vollständig (Hos 4,1f); ihre schriftliche Form lag bereits in der Mitte des 8. Jh. v. Chr. vor (Hos 8,12). Wie die Volksversammlungen zur Zeit des Zweiten Tempels (6. Jh. v. Chr.–1. Jh. n. Chr.) auf die öffentliche Unterweisung durch Verlesung und Auslegung der Tora zielten und das öffentliche Leben bereicherten, geht aus dem Bericht über *Esra*s und *Nehemia*s Wirken hervor (Neh 8,3).

b) Sammlung heiliger Schriften

Der umfassend gebrauchte Begriff *„Tora"* bezog sich zunächst nur auf das spätere Fünfte Buch Mose (Dtn 1–32, vgl. 32,46). Seine Gleichsetzung mit einer Schriftrolle (Dtn 17,18; 28,58.61; 29,19f) leitete die Sammlung heiliger Schriften ein. Die nähere Bezeichnung *„Tora des Mosche"* trat ebenbürtig neben die von der Tora Gottes (vgl. I Reg 2,3 mit II Reg 10,31; Esr 3,2 und 7,6 mit Esr 7,10 und Neh 8,8). Beide sprachlichen Wendungen meinen im chronistischen Geschichtswerk (I/II Chr, Esr, Neh) den abgeschlossenen Pentateuch. Als sich die Samaritaner im 4. Jh. als unabhängige Religionsgemeinschaft mit Sichem als Zentrum und dem Heiligtum auf dem Berg Garizim konstituierten, behielten sie als heilige Schrift die Tora bei (den Samaritanischen Pentateuch), die schon damals kanonisch geworden war und den ersten Kanonteil bildete (Tora). Der zweite Teil des Kanons heiliger Schriften fand um 200 v. Chr. seinen Abschluß; er ist aus den prophetischen und historischen Schriften (Jos–II Reg sowie die Schriftpropheten) zusammengewachsen und trägt den Namen *„Propheten" („Newi'im")*.

Die älteste Vorschrift über eine Toravorlesung bezieht sich auf das Laubhüttenfest im Erlaßjahr (Dtn 31,10); die älteste Nachricht über eine geschehene Toravorlesung liefert der Bericht über Esras Verpflichtung des jüdischen Volkes auf die Tora (Neh 8). Die Vorlesung aus der Tora hatte im

Tempelgottesdienst ihren festen Ort; sie gehört zu den ältesten Stücken der Liturgie. Den Vorrang der Tora (des Pentateuchs) vor allen anderen heiligen Schriften spiegelt die traditionelle Auffassung: Schon *Mose* soll ihre Lesungen in den Morgengottesdiensten der Schabbat- und Festtage sowie der Neumondstage geboten und Esra die Anordnung auch auf den Nachmittagsgottesdienst am Schabbat und auf die Wochentage am Montag und Donnerstag ausgeweitet haben. Die in vierundfünfzig Abschnitte eingeteilte Tora (Pentateuch) sowie die thematisch zugeordneten Zusatzabschnitte aus den *„Propheten"* als Abschluß der Toravorlesung *(Haftara)* werden noch heute in einjährigem Zyklus in den Schabbatgottesdiensten sowie in den Wochengottesdiensten montags und donnerstags vorgetragen.

Die gottesdienstliche Vorlesung aus der Tora und der sie abschließenden Haftara steigerte ihre kanonische Wertung gegenüber den Büchern des dritten Kanonteils (*„Ketuwim"=„Schriften"*). Von ihnen erlangten die zum Bestandteil der Liturgie gewordenen Psalmen als erste kanonisches Ansehen. Die Auswahl der kanonischen Bücher, wenn auch nicht ihre Reihenfolge, wurde im wesentlichen im 1. Jh. n. Chr. beendet. Die kanonische Würde der heiligen Schriften leuchtet in der sorgfältigen Weitergabe ihres Textes auf: Sie bewahrt jede Einzelheit des hebräischen Konsonantenbestandes und sichert ihn durch verschiedene gedächtnisstützende Hilfsmittel und systematische Regeln. Die überlieferte konsonantische Schreibweise schützt die Tora im besonderen, aber auch die Schriften der beiden anderen Kanonteile vor Fälschung. Daher ist die Überlieferung des geschriebenen Buchstabentextes von unanfechtbarer Autorität. Die überlieferte Lesart besitzt eine beglaubigte Herkunft, obwohl der Buchstabentext auch anders gelesen werden könnte.

c) Beharren und Fortschritt

In ihrer Eigenschaft als *Kanon* ist die Hebräische Bibel[1] das Element des Beharrens, das immer wieder alles religiöse Sinnen und Forschen an sich zieht; aber ebensosehr ist sie wirksamer Faktor des Fortschritts für die Hörenden und Lesenden jeder Zeit durch ihre schöpferische Kraft. Die als heilige Schrift kodifizierte Tora ist nicht nur die Urkunde des Bundesschlusses zwischen dem Gott Israels und seinem Volk Israel. Ihre einzelnen Elemente weisen auch national- und universalgeschichtlich vorwärts; denn in der Verfassung für das erwählte Volk wird der Entwurf einer Grundordnung für das Zusammenleben der Völker in Frieden und Gerechtigkeit erkennbar. Damit schließt die Tora implizit alle künftigen Offenbarungen ein. Bereits der dreiteilige Kanon der Hebräischen Bibel gibt den Umgang und das auslegende Gespräch in Israels Geschichte mit dem Urgrund der Gottesoffenbarung an Mose weiter; auf diese Weise tradiert er den immer wieder scheiternden, aber immer wieder erneuten Versuch Israels, als der nationale Träger einer universalen Aufgabe durch die Geschichte zu gehen.

d) Die „mündliche" Lehre

Die innerbiblisch geschehende fortlaufende Interpretation der Tora setzte sich in der anschließenden Überlieferung fort. Die *„mündliche Lehre"* als die andere Autorität rang darum, die heiligen Schriften intensiv zu durchdringen, sie auf alle Vorkommnisse des Menschenlebens zu erstrecken, alle Daseinsverhältnisse dem Willen Gottes entsprechend verwirklichen zu helfen. Die Gebote und Verbote der *„schriftlichen Tora"* bestimmten nicht für jeden Fall konkret, wie der Wille Gottes zu erfüllen sei. Das Volk aber hatte sich verpflichtet, alles zu tun, was die Tora befahl (Neh 8–10). Daher brauchte die *„schriftliche Tora"* eine ergänzende genaue Erklärung, die eine Richtschnur für die rechte Lebensführung gab: die *„mündliche Tora"* (Ex 34,27). Sie erbte sich als *„Halacha von Mosche vom Sinai"* auf dem Wege der mündlichen Weitergabe von einer Generation auf die andere fort, indem sie kontinuierlich die Möglichkeiten prüfte, die Offenbarung in der *„schriftlichen*

Tora" für die gegenwärtige Zeit anzuwenden. Der Keim für eine solche Interpretation der Vorschriften der Tora ist schon in ihr selbst enthalten: *„Erkläre ihnen die Satzungen und die Weisungen, mache ihnen bekannt den Weg, den sie sollen gehen, und die Tat, die sie sollen tun"* (Ex 18,20).

Das sich in den biblischen Forderungen kristallisierende geoffenbarte Wort Gottes bedurfte des Kommentars der Tradition, um im Alltag erfüllbar zu werden. Die *„mündliche Tora"* als *„Halacha von Mosche vom Sinai"* lieferte zum einen die Ausführungsbestimmungen zu den 613 Vorschriften, die Mose empfangen hatte; sie sollte zum andern als *„Zaun für die Tora"*[2] wirken und die biblischen Satzungen dadurch so schützen, daß sie nicht übertreten werden. Die Rabbinen stellten das Verhältnis von *„schriftlicher"* und *„mündlicher Tora"* zueinander so dar, daß Gottes Offenbarung in der Stimme vom Sinai zwar klingt, jedoch in ihrer unmittelbaren Bedeutung zur Verwirklichung erst in ihrer sinnvoll aussprechbar gewordenen Stimme in der Halacha verstanden wird. Die Weisen des Judentums gewannen durch kreatives Verstehen den Zusammenhang vom deutbaren Urwort aus Israels Vergangenheit zur Vielfalt in der Entfaltung seines wahren Sinns für die Gegenwart des jüdischen Volkes. Daher konnten sie die einheitliche Herkunft der *„schriftlichen"* und der *„mündlichen Tora"* aus der Gottesoffenbarung an Mose auf dem Sinai lehren.

Das Prinzip der Offenbarung widersetzte sich nicht dem Wissen der jüdischen Weisen um das spätere Entstehen der *„mündlichen Tora"*. Auch sie ging schließlich in Formen der Verschriftung ein: Die *Mischna* war die erste autoritative Sammlung der Regelungen für den jüdischen Lebenswandel *(Halacha)* und wurde um 200 n. Chr. abschließend bearbeitet. Die in veränderter Zeit notwendig gewordenen Diskussionen und Erklärungen der späteren Rabbinen über die Entscheidungen der früheren Gelehrten in der Mischna *„vollendeten"* die *„mündliche Tora" (Gemara)*. Die Mischna und ihr Kommentar (Gemara) ergaben zusammen den *Talmud*. In den Gelehrtenschulen Palästinas entstand der palästinische oder *Jerusalemer Talmud* in seiner endgültigen Gestalt gegen Anfang des 5. Jh. n. Chr. In den Akademien Babylons fand der *Babylonische Talmud* seine Endfassung Ende des 6./Anfang des 7. Jh. Die Traditionsliteratur betont die Einheit der Tora, indem sie die biblischen und talmudischen Anteile gleich gewichtet. Nicht die Herkunft, nur mangelhaftes Studium kann sie gefährden.

e) Die Geschichte des Judentums als Bibelkommentar

Die Geschichte des Judentums läßt sich folglich unter dem Gesichtspunkt des Kommentars zur Hebräischen Bibel betrachten. Auf die Periode der Bibelauslegung, die in der Mischna ihren frühen Ausdruck fand, folgten die Streitgespräche, in denen die Gelehrten um Einsichten rangen, wie die frühe Auslegung unter neuen politischen und sozialen Bedingungen zu verstehen sei. Ihre Erörterungen und Ergänzungen, die in der Gemara gesammelt sind, grenzten die Rabbinen gegenüber einer pneumatisch-ekstatischen Bibelerklärung ab, wie sie hellenistisch gebildete Juden pflegten. Weitere wichtige Interpretationsphasen werden in den Strömungen der jüdischen Mystik von ihren Anfängen im 1. Jh. v. Chr. bis in das 17. Jh. n. Chr. hinein erkennbar, in der mittelalterlichen jüdischen Philosophie, die vom frühen 10. Jh. an etwa 300 Jahre in muslimischen Ländern blühte, in den religiösen Bestrebungen jüdischer Denker des 19./20. Jh. und in den Wirkungen der lebendigen hebräischen Sprache im 20. Jh.

Die wahren Träger der ältesten organisierten Bewegung *jüdischer Mystik* in ihrer Blütezeit (3.–6. Jh. n. Chr.) verbargen sich hinter den Namen großer Lehrer der talmudischen Zeit. Sie beschränkten ihre Geheimlehre (Esoterik) auf ihre Schüler, die sie durch geheime mündliche Weitergabe des indirekt Sichtbaren in jenen Weg einweihten, der zur mystischen Erkenntnis Gottes und seiner Offenbarung führt. Diese Versenkung in die Geheimnisse der Welt der Gottheit und ihres Wirkens (Theosophie), in die Schöpfung und in das rätselhafte Dasein der Welt begann gleichzeitig mit der Ausbildung des pharisäisch-rabbinischen Judentums. Auch bei der mittelalterlichen jüdischen Mystik, vor allem des 12. und 13. Jh., handelte es sich um eine bewußte Geheimlehre. Da ihr Gegenstand nicht in der persönlichen Erfahrung einzelner gewonnen, vielmehr nur als überliefertes ursprünglichstes Wissen der Menschheit empfangen werden konnte, verband sich mit dieser jüdischen Esoterik der Name *„Kabbala“;* er nahm die spezifische Bedeutung einer Lehre an, die sich mit dem geheimsten und tiefsten Wissen des menschlichen Lebens befaßt, das auf die Mystiker jeder Zeit beschränkt ist.

Unter dem Eindruck der katastrophalen Ereignisse der Kreuzzugszeit (1096 und 1147) und der Erfahrung schwerster Verfolgungen und ständiger Bereitschaft zum Martyrium leistete das Judentum in Deutschland einen bedeutenden Beitrag zur Geschichte des Volkes in der Diaspora: Aus religiösem Antrieb entstand der sogenannte deutsche *Chassidismus.* Radikale Züge religiösen und moralischen Lebens kennzeichneten die deutschen Chassidim, die im 12. und 13. Jh. im Rheinland auftraten und deren Erscheinen nach Nordfrankreich sowie nach Süd- und Mitteldeutschland ausstrahlte. Esoterische Mystik endete im 17. Jh. mit dem Auftreten des Kabbalisten *Sabbatai Zwi* (1626–76) als des Messias bis zu seinem Abfall vom Judentum und seinem Übertritt zum Islam und mit dem Erfolg der bislang letzten großen mystischen Strömung des Chassidismus in der polnischen Judenheit seit der zweiten Hälfte des 18. Jh.

Die *jüdische Philosophie* entstammte der Begegnung von jüdischer Religion und griechischer, besonders der stoisch-platonischen Philosophie in den Diaspora-Gemeinden der hellenistischen Welt während des 2. Jh. v. Chr. bis Mitte des 1. Jh. n. Chr. Sie suchte, durch philosophische Interpretation der jüdischen Überlieferungen ihr apologetisches Ziel zu erreichen, das Judentum als eine anderen Systemen überlegene Philosophie zu erweisen, die einen geistigen Gottesbegriff verwendet und ihre Ethik an der Vernunft ausrichtet. In der Blütezeit jüdischer Philosophie waren die jüdischen Denker in arabischer Sprache geschult und verfaßten ihre philosophischen Werke vornehmlich auf arabisch. Sie nahmen an der allgemeinen kulturellen Erneuerung im islamisch beherrschten Osten teil. Sie erforschten das Verhältnis von Judentum und Philosophie, um das geistige Dasein der jüdischen Gesamtheit in der sie umgebenden Welt zu sichern. Das nie endende rationale Forschen und Sinnen kennzeichnete durch die Jahrhunderte dieses jüdische Philosophieren.

Obwohl die jüdischen Denker sich den Normen für das Handeln im täglichen Leben unterwarfen, bezogen sie die Halacha weder in ihre Fragestellungen noch in ihre Kritik ein; ihre Anregungen empfingen sie nicht aus der rabbinischen Überlieferung. Ein markantes Beispiel dafür liefert das große Werk der Kodifikation der Halacha, die Mischne Tora des *Moses ben Maimon (RaMBaM/Maimonides,* 1135–1204). Der Autor schickt ihm zwar ein philosophisches Kapitel als Einleitung voraus; aber seine Fragestellung berührt und erhellt die eigentliche Substanz der Halacha nicht. Wenn Maimonides auch Philosophie und Halacha als eines ausgab, vermochte er dennoch nicht, den Zwiespalt zwischen beiden Welten zu überwinden. Seine Untersuchungen über die Gründe der Gebote[3] erschlossen einer historischen Auffassung der jüdischen Religion bedeutende Gesichtspunkte; aber zu ihrer Verwirklichung im Leben ermutigten sie nicht. Ebensowenig gelang es den mittelalterlichen jüdischen Philosophen, sich dem unmittelbaren Ausdruck strömenden religiösen Lebens in der jüdischen Überlieferung *(Aggada)* zu öffnen; in ihren Erzählungen, Legenden, Gleichnissen und Ermahnungen entdeckten sie eher ein Ärgernis als eine Offenbarung des Geheimnisses. Die anthropomorphen Züge der Aggada widersprachen ihrem vernunftorientierten religiösen Bewußtsein. Die aktualisierende, auf die jeweilige Gegenwart der Hörenden bezogene Schriftauslegung der Rabbinen *(Midrasch)* befremdete die jüdischen Philosophen, deren Denkart an Aristoteles geschult war. Auch zur Liturgie, in der sich die religiösen Impulse des Judentums in der Hinwendung zu Gott gesammelt hatten, gewannen die jüdischen Philosophen kaum ein inniges Verhältnis als Verfasser von Gebeten. Ausnahmen hiervon bilden die Schöpfungen der Dichter und Philosophen *Salomo ben Juda ibn Gabirol* (11. Jh.) und *Jehuda Halevi* (um 1075–1141), in denen ursprüngliche religiöse Leidenschaft und Erfahrung zu spüren sind. Die jüdische Philosophie konnte daher ihren Herrschaftsanspruch im jüdischen Volk nicht durchsetzen; darin unterschied sie sich zu der ihr parallelen Bewegung der jüdischen Mystik, die sich in der jüdischen Geschichte eine einflußreiche Stellung eroberte.

Die jüdische Philosophie der Neuzeit teilte mit ihren Vorgängerinnen in der hellenistischen Periode und im Mittelalter das Interesse an der Verwandtschaft zwischen Judentum und Philosophie, erörterte die gleichen Probleme, um deren Lösung sich die frühere jüdische Philosophie bemüht hatte, hob sich jedoch von ihr durch die Einstellung zur jüdischen Tradition ab: Während manche neuzeitlichen Denker die überlieferte Position für sich bejahten, erkannte ihre Mehrzahl im Judentum nur noch eine Schöpfung des Denkens und der Intuition von Menschen, die sich in der Geschichte entfaltet hatte. Sie verfolgte, statt früherer metaphysischer Spekulationen, ihr Interesse am menschlichen Leben und an der Ethik: der menschliche Geist bedarf der sittlichen Anstrengungen, um das menschliche Leben voll entfalten zu können. Aufklärung und Emanzipation übten einen starken Einfluß auf jüdische Denker aus. Manche griffen auf die jüdische Philosophie des Mittelalters zurück und deuteten sie rationalistisch-ethisierend um. Viele nahmen den Aufklärungsbegriff von einer Religion der Vernunft an, die in vernunftgemäßen Überzeugungen und Handlungsweisen besteht und sich unterschiedslos an alle Menschen richtet. Moses Mendelssohn erforschte, in welchem Ausmaß das historische Judentum sich mit der Religion der Vernunft deckte bzw. sich von ihr abhob. Andere, wie Hermann Cohen, stellten das Judentum als die ideale Verkörperung der Religion der Vernunft dar. Martin Buber und Franz Rosenzweig weigerten sich strikt, als Philosophen verstanden zu werden.

Emmanuel Lévinas (geb. 1906) gilt als der bedeutendste jüdische Religionsphilosoph der Gegenwart und wohl als der wichtigste Vertreter einer zeitgenössischen Ethik. Er urteilt, *„daß die Bibel das Buch der Bücher ist, wo Primäres gesagt wird, was gesagt werden* mußte, *damit das menschliche Leben einen Sinn habe, und daß dies in einer Form gesagt wird, durch die den Kommentatoren die eigentlichen Dimensionen der Tiefe eröffnet wurden*"[4]. Für Lévinas ist das Judentum eine Kultur, die der Welt vermittelt, wie der Mensch von sich denken soll: In *„der Verantwortung für den anderen Menschen liegt meine Einmaligkeit: ich kann sie auf niemanden abwälzen ... Extremer Humanismus eines Gottes, der den Menschen viel abverlangt*"[5].

2. System und Vertrauen

a) Gottes Gegenwart als Vorbild zum Handeln

In der Geschichte des Judentums wurde dem religiös-sozialen Verhalten stets ein außerordentlicher Rang zuerkannt. Die biblisch-talmudische Überlieferung nährte die Scheu, die Gottesbeziehung theologisch-begrifflich erfassen zu wollen (Ex 33,12–23); sie relativierte die Macht des Dogmas zu allen Zeiten in der jüdischen Religionsgeschichte, in der mischnaisch-talmudischen Periode (1.–6./7. Jh. n. Chr.) ebenso wie in den Jahrhunderten geistigen Ringens des philosophisch gebildeten Judentums mit dem Islam und mit dem Christentum. Die Neigung, Lehrsätze aufzustellen, konnte sich im Judentum deshalb nicht entfalten, weil sein biblisch-talmudischer Grund ihm nicht gestattete, von der Lebenswirklichkeit abzuheben. Stattdessen sammelten sich alle Kräfte im Judentum auf die Spuren der Gegenwart Gottes in der Geschichte, damit der Mensch ihnen folgt (Dtn 10,12; 11,22; 26,17; 30,16). Der nach Gottes Bild Geschaffene (Gen 1,26f) ist dazu da, das Handeln seines Schöpfers nachzuahmen, indem er *„der Waise und Witwe Recht schafft“*, *„den Fremdling liebt, ihm Brot und Kleidung zu geben“* (Dtn 10,18), indem er am Schabbat von seiner Arbeit ruht und die von ihm abhängigen Menschen und Tiere am siebten Tag ruhen läßt (Ex 20,10f; 23,12), indem er den Fremden bei sich nicht *„bedrückt“*, vielmehr: *„Wie der Einheimische unter euch sei euch der Fremdling, der bei euch weilt, und du sollst ihn lieben,* (er ist) *dir gleich“* (Lev 19,33f). Durch alle Tätigkeiten des täglichen Lebens muß der Mensch seine Liebe zu Gott bewähren. Die Rabbinen erschlossen den Zusammenhang des Tuns Gottes mit dem Gebot: *„Du sagst: Gott ist barmherzig und gnädig; wohlan, sei auch du barmherzig, tue Gutes selbstlos und gegen jeden. Du nennst Gott gerecht, so sei auch du gerecht. Du sagst: Gott ist voller Liebe in allem, was er tut; so sei auch du voller Liebe.“*[6]

b) Der jüdische Lebensweg (Halacha)

Die jüdische Tradition realisiert die Gottesbeziehung als ein Geschehen von Wort und Antwort. Sie will, daß der Mensch ernst nimmt, auf der Erde eingesetzt worden zu sein (Gen 1,26–28; 2,15–17). Sie mißt dem Glauben für sich allein keine zentrale Bedeutung bei. Das Wesentliche der Frömmigkeit soll in der Erfüllung des Gottesgebotes geschehen. In ihr hat Gott dem Menschen den Gehalt seines Lebens gegeben: *„Wahret meine Satzungen und meine Vorschriften, die der Mensch tue, daß er lebe durch sie“* (Lev 18,5). Die Tora ist keine Lehre vom Glauben, sondern die Weisung zum Tun (Dtn 5,1; Am 5,14f; Jer 7,3–7; Ps 34,12–15; 37,27). Die Wege Gottes sind die Wege, die der Mensch suchen und gehen soll. Die Gottesbeziehung soll gelebt, nicht nur erlebt werden. Der nach der Tora handelnde Mensch steht in der Gemeinschaft Gottes; er gestaltet aktiv das Wechselgeschehen zwischen Gott und dem Menschen mit (Dtn 26,13ff; Mi 6,6–8; Ps 15).

Weil es die Pflicht des Menschen ist, Gottes Willen zu erfüllen und dadurch mit Gott zu leben (Dtn 4,1; Lev 18,5), entstand der besondere jüdische Lebensweg (Halacha). Er leitet erklärend den Menschen dazu an, Gottes Wegweisung (Tora) zu verwirklichen: Er bietet die praktische Grundlage, zwischen Recht und Unrecht zu unterscheiden. Dadurch, daß der Mensch die gebotene Unterscheidung in seiner Lebensführung übt, indem er das Gute tut und das Schlechte meidet (Dtn 6,5; 10,12; Jos 22,5; Mi 6,8), anerkennt er Gott, der das Recht liebt und das Unrecht haßt (Jes 61,8; Ps 33,5; 37,28), und dient ihm mit ganzem Herzen und mit ganzer Seele (Dtn 11,13; Ex 20,5f; Jos 24,15–27). In Übereinstimmung mit der in der *„schriftlichen Tora"* begründeten Lebensordnung (Lev 18,5) umfaßt, formt und prägt die Halacha das jüdische Leben total. Dies läßt sich mit den traditionellen Grundvorstellungen andeuten. Die zentralen halachischen Anwendungsgebiete sind Ernährung, Geschlechtsleben, Wirtschaft, Gesellschaft und Staat. Eine teilweise enthaltsame Einstellung kennzeichnet die Haltung zur Schöpfung: Sie klammert keinen Lebensbereich asketisch aus; sie überläßt aber auch kein Gebiet anti-asketisch sich selbst. Die pharisäisch-rabbinischen Weisen haben die Halacha mit ihren Gehvorschriften immer weiter ausgestaltet. Dieser Kommentar zur Bibel unterscheidet qualitativ das jüdische Volk von allen anderen Völkern, aber auch von allen anderen Religionen. Die Halacha hielt die jüdische Gemeinschaft in ihrer Lebensaufgabe zusammen, die Tora zu beachten; sie schützte sie davor, in die Religionen und Kulturen der mächtigen Völker aufgesogen zu werden, die sie umgaben und die über sie politisch-militärisch triumphierten.

c) Norm (Halacha) und Sinn (Aggada)

Aber es gelang der Halacha, das jüdische Volk durch die Machtverschiebungen der Weltgeschichte hindurch nur mit Hilfe der Aggada am Leben zu erhalten, der *„erzählenden"* gleichnishaften Überlieferungsweise der Rabbinen. Beispielhaft soll eine Tradition aus dem 3. Jh. n. Chr. diese rabbinische Form von Wirklichkeitserfahrung beleuchten. Sie sträubt sich gegen die Genauigkeit einer Lehrentfaltung; sie will Menschen zu einem Verhalten bewegen, in dem sich das Handeln Gottes auswirken kann: „*R. Jehoschua b. Levi* (um 250) *traf den* (Propheten) *Elias, der am Eingang der Grabhöhle des R. Schimon b. Jochai* (um 150) *stand … er sprach zu ihm: Wann kommt der Messias? Er* (Elias) *antwortete ihm: Geh, frage ihn selbst! Und wo weilt er? Am Eingang* (Tor) *Roms. Und was ist sein Kennzeichen? Er sitzt unter den Elenden, die mit Krankheiten beladen sind, und sie alle binden* (ihre Wunden) *auf einmal auf und zu; er* (der Messias) *aber bindet immer je eine auf und zu* (an seinem eigenen Leib)*; er sagt: Vielleicht werde ich* (von Gott zur Erlösung Israels) *verlangt, damit ich nicht aufgehalten werde* (,wenn alle Wunden aufgebunden sind). *Er ging zu ihm* (nach Rom)*; er sprach zu ihm : Friede über dich, mein Lehrer und Herr! Er antwortete ihm: Friede über dich, Sohn Levis! Er sprach zu ihm: Wann kommt der Herr? Er antwortete: Heute! Er* (R. Jehoschua) *kam zu Elias; dieser sprach zu ihm: Was hat er zu dir gesagt? Er sprach: Friede über dich, Sohn Levis! Elias sprach: Damit hat er dich und deinen Vater der zukünftigen Welt versichert. Er antwortete ihm: Er hat mich aber belogen; denn er hat zu mir gesagt: Heute komme ich, und er ist* (doch) *nicht gekommen! Elias sprach: So hat er es gemeint: Heute, wenn ihr auf seine Stimme hören werdet* (vgl. Ps 95,7).“[7]

Halacha und Aggada sind nicht nur verschiedene Überlieferungsarten. Sie spiegeln auch unterschiedliche Aspekte des Lebens, die sich aber wechselseitig bedingen. Die Halacha normiert den jüdischen Lebensweg. Die Aggada gestaltet erzählerisch Geschautes und Gewolltes. Die Halacha verneint keineswegs Gefühle, aber sie wehrt ihren Irrungen und stellt Satzungen bereit, um in ihnen Leidenschaften, Liebe, Willen zu präzisieren. Würde aber der Tradition, die das Judentum formte, die aggadische Schicht fehlen, müßte das jüdische Dasein, das die Halacha nach rationalen Gesichtspunkten regelt, in Lieblosigkeit erstarren und der Freude am Gotteslob entbehren. Wenn aber die Tradition nur in *„erzählender Theologie“* bestünde, wären der Willkür und der Flucht der Menschen in realitätsferne Innerlichkeit keine Grenzen gesetzt. In der Verbindung von Halacha und Aggada jedoch werden gute Absichten auch verwirklicht und Leidenschaften in strenge Pflicht genommen.

Noch ehe das biblische Israel im Zehnwort (Ex 20,1–17; Dtn 5,6–21) hörte, was es tun soll, erfuhr es, was es sein soll: *„ein heiliges Volk“* (Ex 19,6). Werke der Heiligung vollbringen aber kann es nur, wenn es die Heiligung in sich aufnimmt, die von den Werken Gottes ausgeht (Lev 19,2; 18,5). Folglich muß der verwirklichende Mensch lernen, mit dem, was er tun soll, eins zu werden. Darum ergänzt die *„erzählende“* Schicht (Aggada) der *„mündlichen Tora“* das feste System der Gehvorschriften (Halacha). Es setzt dem Leben Maß und Grenze und gebietet das Handeln. Der andere Aspekt dagegen will *„das Herz des Menschen nach sich“*[8] ziehen und an den Sinn allen Erfüllens erinnern. Die Aggada zielt auf die Umwandlung des Vollbringenden: *„Ob man viel oder wenig tut, wenn man nur sein Herz auf den Himmel richtet“*[9]; *„Alle deine Handlungen geschehen um Gottes willen“*[10]. Im talmudischen Schrifttum werden Halacha und Aggada aufeinanderbezogen tradiert. Daran wird deutlich, daß die jüdische Gehorsamspflicht in die lebendige Wechselbeziehung zwischen Gott und Mensch eingebunden ist, daß ethisches und religiöses Leben unausschmelzbar zusammengehören.

d) Zusage und Gebot

Nach der biblischen Darstellung verläuft Israels Geschichte unter der Zusage und dem Gebot Gottes. Das eine ist vom anderen nicht zu trennen. Dies zeigen die Aussagen vom *„Bund“*. Sie drücken Gottes Willen aus, Israel in ein Lebensverhältnis aufzunehmen, und Israels Bereitschaft, in der Unmittelbarkeit des Dienstes Gottes zu leben (Ex

19,4–8; 24,4–8; 34,27f). In der theologisch reflektierten Sprache nimmt der Begriff „*Bund*“ die Bedeutung von „*Zusage*“ ein: „*Dein Gott wird dir bewahren den Bund und die Gnade, die er geschworen hat deinen Vätern*“. Der Anschluß konkretisiert den Gehalt der Zusage: „*Und er wird dich lieben und dich segnen und dich mehren – segnen die Frucht deines Leibes und die Frucht deines Bodens …, den Wurf deiner Rinder und die Zucht deiner Schafe auf dem Boden, den dir zu geben er deinen Vätern zuschwor*“ (Dtn 7,12f). Der freien Gabe der Zusage Gottes entspricht Israels Bundesgehorsam: „*daß ihr gehorcht diesen Vorschriften und sie bewahrt und tut*“ (Dtn 7,12). Gott macht Israel durch seine Zusage und sein Gebot zu seinem Volk (Dtn 7,9; 5,6.10). Zusage und Gebot stellen in der Hebräischen Bibel keine Gegensätze dar, sondern gehören zusammen, wie die barmherzige und die strenge Zuwendung Gottes zu Israel (Ex 20,5f; 34,6f). Der liebend gebende ist kein anderer als der gebietende Gott (Ps 15,2.5; 24,4.5). Auf jedes gebotene Ziel legt Gott auch seine Zusage (Jes 33,14–16). Jede Forderung verknüpft Gott mit seinem Versprechen; darin findet das menschliche Dasein seine Einheit: „*Wenn jemand ein Bewährter ist …, übt zuverlässiges Recht zwischen Mann und Mann, in meinen Satzungen geht er …, leben soll er, leben*“ (Ez 18,5.8.9; Lev 19,2).

e) Inspiration und Mißtrauen

Nach Meinung der Rabbinen[11] setzen vom Geist Gottes ergriffene Menschen Gottes Willen in bloß spontane Entscheidungen um; sie sträuben sich gegen seine Formung in eine überdauernde Satzung. Sie mißtrauen dem „*Gesetz*“ in der Meinung, es sei des Geistes entleert. Sie fürchten, das Gesetz regiere die Lebenden als etwas Totes ohne jede Erneuerung. Daraus folgern sie, daß Geist und Freiheit die Welt der Vorschriften ablösen müßten. Inspirierte geben die Gegenwart Gottes als ihren Besitz aus und schütteln den Zwang der Gebote und Verbote von sich ab. Sie behaupten, die einzelnen in der Gemeinde seien schon heilig und hätten darum auch keine Weisung nötig auf dem Weg, den ihre eigene Heiligkeit sie leite. Nach der Überlieferung verwechseln solche Stimmen den Auftrag an die Gemeinschaft, *„ein heiliges Volk"* für Gott zu werden (Ex 19,6), mit einem bereits eingetretenen Zustand, den sie selbst sicher konstatieren: *„Alle sind sie heilig"* (Num 16,3). Für Mose, den Vermittler der Tora, bleibt das *„heilige Volk"* der Gotteserwählung (Ex 19,6; Dtn 7,6; 14,2) das Ziel auf Israels Weg nach der Weisung Gottes. Auf diesem Weg müssen Wahl und Erneuerung (Dtn 30,15) immer wiederkehren, damit sich der Anfang der umfassenden Gottesherrschaft in der Welt verwirklichen kann. Im real-historischen Rahmen aber kann sich die Gottesherrschaft ohne die von der Tora gebotene Unterscheidung zwischen dem Gottgefälligen und dem Gottmißfälligen nicht ausbreiten (Lev 18,3ff; Mi 6,8). Eine Generation muß sie an die andere weitergeben und in jeder geschichtlichen Situation neu freiwillig anerkennen (Ex 19,8; 24,3.7).

f) Spiritualität als Ziel

Die Rabbinen preisen Gott, der die Israeliten *„mit Geboten umringt hat"*[12]. Sie betrachten die Allgegenwart der Gebote nicht als Last und Plage, sondern als ein Vorrecht und in gewisser Weise auch als Schutz, der den Menschen stets an seine Pflicht vor Gott und gegenüber den Mitmenschen erinnert. Sie lehrten, jede Gebotserfüllung als Anlaß zu ergreifen, Gott zu preisen und dadurch die rechte Stellung zu *„unserem Gott"* zu gewinnen. Der Lobspruch vor dem Tun des Gebotenen soll die Gedanken des Vollziehenden zu dem rechten Bewußtsein sammeln, in dem das Gebot erfüllt sein will. Auf diese Weise wird die Handlung zur Heiligung des erfüllenden Menschen geübt: *„… der uns geheiligt hat durch seine Gebote und uns geboten hat …"*[13].

Die Segenssprüche über die Pflichten gehören seitdem zum täglichen Leben praktizierender Juden. Ein rein geistig-geistliches Dasein gilt daher nicht als legitimer jüdischer Lebensweg. Der einzige bekanntgewordene Lehrer der mischnaisch-talmudischen Zeit, der spirituell-vollasketisch lebte, blieb eine Ausnahme; er wurde nicht zur Leitfigur.[14] Bezeichnenderweise mußte der Nasir, der sich durch ein Sondergelübde zu einem teilasketischen Leben für eine begrenzte Zeit verpflichtete, nach deren Ablauf ein Schuldopfer bringen; erst, nachdem ein Priester im Heiligtum es entgegengenommen hatte, wurde er seines Versprechens ledig (Num 6). Gott verlangt den ganzen Menschen; die Reinheit des Herzens (Ps 51,12) darf daher nicht der einzige Ausdruck der Frömmigkeit sein. Der Mensch soll seine Liebe zu Gott durch alle Tätigkeiten des täglichen Lebens bewähren. Die Gebote sind die Mittel, mit deren Hilfe er Gott in der Welt nachfolgen (Dtn 10,12) und Gottes Heiligkeit realisieren kann (Lev 11,44f; 19,2; 20,7f.26).

Spiritualität ist das Ziel des Menschen; seinen Weg dorthin muß er in geschichtlicher Realität nach den Vorschriften gehen. Vor der Flucht aus der gegenwärtigen Aufgabe in eine unverbindliche Zukunft warnten die Weisen: *„Wertvoller ist eine Stunde in Umkehr und guten Werken in dieser Welt als das ganze Leben der künftigen Welt.“*[15] Nicht die Sehnsucht nach der vollkommenen Welt trägt die gegenwärtige; sie kann nur durch das Bemühen eines Bewährten bestehen, die Gebote hier und jetzt zu erfüllen.

g) Vertrauen in Treue

Jedoch geht es im Judentum weder um eine bloße ethische Entscheidung noch um ein bloßes religionsgesetzliches Tun. Keine Erfüllung der halachischen Satzungen führt zum Dienst Gottes ohne das Vertrauen in ihn. Er ist der Quell, nicht nur ein Teil des Lebens. Aus Israels Du-Erfahrung in der Geschichte seiner Gottesbegegnungen (Ex 20,2) wuchs sein Vertrauen, das sich in Treue bewähren muß. Es ist der Grund gottgewollten Lebens (Ps 37,3; 119,30; Hab 2,4). Ohne Vertrauen der Menschen weichen Recht und soziales

Verhalten (Jer 5,1.3; 7,28; 9,2; Jes 59,4). Wie stark es in dem Wechselverhältnis zwischen Gott und seinem Volk verwurzelt ist, lassen alte Auslegungen erkennen: *„Gott sprach: Das Vertrauen, das die Kinder Israels in mich setzen, ist es wohl wert, daß ich ihnen das Meer spalte, daß sie nicht zu Mosche sprechen: Wir wollen umkehren, um das Herz der kleinen Kinder und der Frauen, die bei uns sind, nicht zu brechen, sondern sie vertrauten auf mich und folgten Mosche"*[16]; *„Unter ‚damals'* (Ex 15,1) *ist nichts anderes als Vertrauen zu verstehen ... Die Israeliten hatten nur im Verdienst ihres Vertrauens das Glück, am Meer ein Lied zu singen"*[17]. Hier äußert sich das Bewußtsein, zu dem einzig-einen Gott zu gehören, der vom Menschen die Entscheidung fordert: *„Die Israeliten ... vertrauten dem, der Mosche aufgetragen hatte, also zu tun."*[18] Die Mischna-Lehrer drückten diese Einstellung der Israeliten auf andere Weise aus: *„Sie gaben ihr Herz ihrem Vater im Himmel zu eigen"*[19]; damit erschlossen sie den Zusammenhang von Vertrauen und Vertrauensgehorsam gegenüber dem gebietenden Gott.

Ethisches und zeremonielles Tun im Judentum beschränkt sich nicht auf Satzungen und Vorschriften. Es ist die anschaubare Seite der Gottesbeziehung des Menschen. Das durch die Gebote gebundene jüdische Dasein bezeugt das Verbundensein mit Gott. Er trägt dem Menschen unbegreiflicherweise auf anzufangen. Der Mensch kann nicht vollenden, aber nach dem Willen des Schöpfers muß er beginnen: *„Es obliegt dir nicht, die Arbeit zu vollenden, du bist aber auch nicht frei, dich ihrer zu entledigen."*[20] Der Mensch kann Gott nur vertrauen, wenn er tut, was er tun soll. Das lehrt der Ausspruch des *R. Akiba* (um 50–135): *„Glück euch, ihr Israeliten! Wer ist es, vor dem ihr euch reinigt, und wer ist es, der euch reinigt? Euer Vater im Himmel."*[21] Dieses Wort unterstreicht die Notwendigkeit und die Aufgabe des Menschen zu handeln. Es läßt aber auch keinen Zweifel aufkommen, daß der Mensch in allem, was er tut, auf Gottes Zuwendung angewiesen ist. Die rabbinische Lehre setzte die biblische Überlieferung fort, nach der des Menschen

Vertrauen und Tun eine Einheit bilden (Hos 12,7; Ps 4,6; 25,21; 37,3.34). Wie der Mensch nicht in seinem Dasein allein ist, so ist er auch nicht in seinem Tun allein.

3. Lerngemeinschaft

a) Torastudium als religiöse Erfahrung

Als die Gemeinschaft aus Lernenden und Lehrenden versteht sich das jüdische Volk seit dem Zeitalter des Zweiten Tempels. Das Lernen, Bedenken und Erörtern der Tora, der *„schriftlichen"* und *„mündlichen"* Weisung, charakterisiert das rabbinische Judentum. Die talmudische Literatur enthält eine Fülle von Bezügen auf die *„Pflicht" („Mizwa")* des Torastudiums. Denn die Tora stellt die Grundlage dar des ganzen sozialen, religiösen und rechtlichen Systems und des Lebensweges der Gemeinschaft und der einzelnen. Sie bestimmt die Regeln für das tägliche Leben und setzt die Ziele, nach denen jeder Jude streben soll. Sie weist jedem Angehörigen seinen Platz im jüdischen Volk an und der Nation ihren Platz unter den anderen Völkern. Mit und nach der Tora leben erschließt dem Juden eine unverwechselbare Identität. Das Studium der Tora soll zu richtigem Verhalten und Tun gegenüber Gott und dem Nächsten führen. Darüber hinaus aber ist es auch ein Akt der Verehrung, der den Lernenden Gott näherbringt; die Pflicht, Tora zu lernen, wird denen, die sie erfüllen, zur religiösen Erfahrung.

b) Hören und Lernen der Weisung zum Leben

Die Priester und Theologen des 7. Jh. v. Chr., deren Reformanliegen im Deuteronomium (dem Fünften Buch Mose) ihren schriftlichen Niederschlag fanden, haben die Tora-Frömmigkeit in der Ära des Zweiten Tempels entscheidend beeinflußt. Es war ihnen gelungen, dem Lehren und Erlernen der Tora (hier noch vornehmlich des Pentateuchs) im

Volk eine breite Resonanz zu verschaffen (II Chr 17,7–9). Fast das gesamte Schrifttum aus der Zeit des Zweiten Tempels unterstreicht die religiöse Absicht des Torastudiums, besonders eindrucksvoll Psalm 119. Sogar das Erlernen der hebräischen Buchstaben wurde wie das weitere Studium der Kinder als eine religiöse Handlung begriffen.

Alle gesellschaftlichen und religiösen Institutionen und Grundvorstellungen in der Zeit des Zweiten Tempels waren im Heiligtum und in seinen Vorgängen verankert; sie gelangten von hier zum Durchbruch in der Bevölkerung des Landes und in allen Teilen der jüdischen Diaspora. Der Gottesdienst in Form von Opfer-Darbringungen nahm nicht mehr den ersten Rang im religiösen und gesellschaftlichen Leben des Volkes ein. Mit der veränderten Lebenssituation der Rückkehrer aus dem Exil (Ende des 6. Jh. v. Chr.) hatte sich das Gewicht auf die Weisung verlagert; sie forderte alle geistigen Kräfte der Menschen heraus, nach Wegen zur Lebensgestaltung im Tun des Guten zu suchen. Diese Absicht unterstreicht bereits der Ausspruch des *R. Schimon des Gerechten* um 300 v. Chr.: *„Auf drei Dingen steht die Welt: auf der Tora, dem Gottesdienst und den Liebeserweisungen.“*[22]

Diese Entwicklung, die sich in der Zeit des Zweiten Tempels vollzog, hatte vielleicht schon vor ihrem Beginn eingesetzt: die Umkehr zu einem Leben nach den göttlichen Satzungen und die sich daraus ergebende regelmäßige Unterweisung der Gemeinde in der Tora. Die Liebe und Sehnsucht der Frommen galt dem Heiligtum als dem Ort der sozialen Kontakte und der Begegnung mit *„dem lebendigen Gott“* (Ps 84,2f; vgl. Ps 26,8; 63,2f) nicht zuletzt auch in seiner ihn offenbarenden Weisung zum Leben. Darauf deuten die Tora-Psalmen hin (Ps 1; 19,8–15; 119), die in dem Zusammenhang von Tempel und Unterweisung angesetzt werden können. Alle festlichen Anlässe boten den Frommen Gelegenheit, im Tempelareal auch zum Hören und Lernen der Weisung zusammenzukommen (Lk 2,46). Die Evangelien des Neuen Testaments berichten von *Jesus*, daß er täglich im Tempel lehrte. Die Jerusalemer Urgemeinde versammelte sich Tag für Tag im Tempel; einige unter ihnen legten dem Volk die Schrift aus. [23]

c) Tempel, Synagoge, Lehrhaus

Einen Schwerpunkt im religiös-sozialen Leben der jüdischen Gemeinschaft in der Epoche des Zweiten Tempels stellten Verlesung und Auslegung der Tora dar. Mit großer Wahrscheinlichkeit können wir die Ursprünge der Synagoge aus Volksversammlungen herleiten, die auf die öffentliche Unterweisung zielten (Neh 8,3). Zur Stunde der Opfer-Darbringung im Tempel versammelten sich Beter in den Synagogen des Landes und in der Diaspora, um ihr Gebet zu verrichten. Der Zweite Tempel erwies sich im Laufe seiner Geschichte bei allen öffentlichen Treffen auch als das Zentrum des Studiums der Tora. Ebenso wurden allmählich die Synagogen und die mit ihnen in der Regel zusammenhängenden Lehrhäuser zu Einrichtungen, die – im Zusammenhang mit den Lesungen aus der Tora am Schabbat, montags, donnerstags sowie an Festtagen – die Überlieferung weitergaben. Von der rabbinischen Periode an und fortschreitend entstanden große Zentren für das gemeinsame jüdische Lernen. In dem römischen Palästina wurde nach der Zerstörung des Tempels die Hochschule in Jawne gegründet. Hier konstituierte sich unter Jochanan b. Sakkai und dann unter dem Patriarchen *Gamliël II.* das rabbinische Judentum dadurch neu, daß es die Halacha diskutierte und verbindlich festlegte. In Galiläa entstanden Studienzentren in Sepphoris, Tiberias und Caesarea. Im 3. Jh. erlangten „*Orte der Tora*“ in Babylonien herausragende Bedeutung.

Die Lehrhäuser und Synagogen in den Vorhöfen des Tempels hatten den Nährboden geboten, von dem das Torastudium seine entscheidenden Anstöße empfing. Es ließ sich nicht mehr auf das formale Sitzen in Schulen und Synagogen begrenzen, sondern wurde zu einem integralen Bestandteil des gewöhnlichen jüdischen Lebens auch außerhalb des Tempelbereichs. Juden studieren seitdem zu allen möglichen Zeiten die Tora; sie suchen jede Gelegenheit, wenigstens eine oder zwei Halachot und eine aggadische Erzählung während des Synagogenbesuchs zum Morgen- oder Abendgebet oder daheim am Abend zu lesen und zu bedenken.

d) „Tora um ihretwillen"

Die Rabbinen sahen die Tora als das Fundament allen öffentlichen und privaten Lebens an. Sie trennten daher ihr Studium nicht vom Gehalt des Lebens, sondern verbanden es mit ihm zu einer Einheit. Sie setzten dem Torastudium ein doppeltes Ziel: Erstens sollte es zu praktischen Befolgungen leiten; denn volle Observanz ist nicht ohne Kenntnis dessen möglich, was die Tora einschärft. *Hillel* (Ende 1. Jh. v. Chr. bis Anfang 1. Jh. n. Chr.), der geistige Leiter des Judentums einhundert Jahre vor der Zerstörung des Tempels, verglich darum einen Menschen, der nicht in der Überlieferung lernte, mit einem unbebauten Feld, das brach liegt. Eindringlich machte er darauf aufmerksam, daß niemand ohne Kenntnis der Tora die Gebote erfüllen kann. Zweitens galt bei den Rabbinen das Torastudium selbst als eine religiöse Pflicht höchsten Ranges. Diese zweifache Wirksamkeit des Studiums wird vermutlich in der folgenden Erörterung laut: *„Einst saßen R. Tarphon* (um 110) *und die Ältesten im Söller des Hauses des Nithza in Lud. Vor ihnen wurde da die Frage aufgeworfen: Ist das Studium* (der Tora) *größer* (wichtiger) *oder die Ausübung? R. Tarphon antwortete und sprach: Die Ausübung ist größer. R. Akiba sprach: Das Studium ist größer. Alle antworteten: Das Studium ist größer, denn das Studium führt zur Ausübung."*[24] Die jüdischen Weisen beurteilten ein Studium ohne die Absicht, die Vorschriften der Tora auch im Leben umzusetzen, als wertlos.

Der rabbinische Begriff *„Tora um ihretwillen"* führte dem Lernenden der Tora die beiden Aufgaben vor: die uneigennützige Erfüllung der Weisung selbst: *„Du wirst darüber nachsinnen Tag und Nacht"* (Jos 1,8) und die Ausrichtung seiner Studien, um mit Hilfe der Gebote sein Leben zu gestalten. Den egozentrisch Studierenden erinnerten die Weisen an seine soziale Verpflichtung: *„Alles was ihr tut, sollt ihr nur aus Liebe tun."*[25] Realistisch erkannten die Rabbinen, daß nicht jeder nur mit lauteren Gründen die Überlieferung studieren werde. Dennoch stimmten sie darin überein, jeden zum Lernen zu ermuntern, weil das wahre Motiv sich erst über dem Studium einstellen würde: *„Stets befasse man sich mit der Tora und gottgefälligen Handlungen, auch* (wenn es) *nicht um ihrer selbst willen* (geschieht), *denn dadurch kommt man dazu, es um ihrer selbst willen zu tun."*[26] Wie das höchste Ziel des Studiums sich auf die Tora *„um ihrer selbst willen"* konzentriere, so laute sein allgemeiner Zweck: *„Rüste dich, die Tora zu lernen ..., und alle deine Handlungen seien um des Himmels willen* (im Namen Gottes).*"*[27] Dieser Zweck des Studiums sollte alle Handlungen des Menschen, sogar solche, die scheinbar weit entfernt von Tora und Pflichten sind, in die wesentliche Beziehung des Menschen aufnehmen, von der her alle Beziehungen zwischen Mensch und Mitmensch genährt werden: in die Beziehung zu Gott, in den Gottesdienst.

e) Lernen und Lehren als jüdische Pflicht

Das rabbinische Anliegen, Eifer für das Torastudium zu wecken, beschränkte sich nicht etwa auf die Heranbildung von Gelehrten; es band jeden Juden als eine Verpflichtung. Es sollte Teil jeden jüdischen Lebens werden. Entsprechend begrenzten die Weisen das Torastudium auch nicht auf ein bestimmtes Alter, sondern forderten, daß es ein Leben lang unter der Leitung eines Lehrers beibehalten werde. Die jüdische Gemeinschaft, die sich während der Periode des Zweiten Tempels und mehr noch nach der Zerstörung Jerusalems und des Tempels zu einer *lernzentrierten Gesellschaft* entwickelt hatte, schenkt vor allem der Erziehung der Kinder ihre Aufmerksamkeit. Können Eltern ihre Verpflichtung infolge äußerer oder innerer Bedingungen nicht erfüllen, sollen an ihrer Stelle andere handeln: *„Wer den Sohn* *seines Nächsten die Tora lehrt, dem ist es beschieden, im himmlischen Kollegium* (d. h. in Gottes Nähe) *zu sitzen.*"[28] Die Weisen weckten das Verantwortungsgefühl einer Generation gegenüber der nächsten: „*Wer die Tora lernt und sie nicht lehrt, gleicht einer Myrte in der Wüste.*"[29] Sie sahen das Wohl der jüdischen Gemeinschaft gefährdet, wenn die Vermittlung ungenügend wahrgenommen würde: „*Wo keine Kinder lernen, da sind keine Schüler, wo keine Schüler sind, da sind keine Gelehrten, und wo keine Gelehrten sind, da sind keine Ältesten, und wo keine Ältesten sind, da sind keine Propheten, und wo keine Propheten sind, da läßt Gott auch nicht seine Schechina* (das ist Gottes Verbundenheit mit Israel in der Welt) *auf ihnen ruhen.*"[30]

Jüdisches Lehrhaus und jüdisches Lernen sollen nach rabbinischer Auffassung die Keimzelle abgeben, in der sich die neue Menschengemeinschaft bildet: „*Wer lernt in der Absicht zu lehren, dem wird Gelegenheit geboten zu lernen und zu lehren; und wer lernt, um auszuüben, dem wird Gelegenheit geboten zu lernen und zu lehren, zu beobachten und auszuüben.*"[31] Hillel mahnte, die Menschen durch liebevolles Verhalten der Beschäftigung mit der Weisung zum Leben nahezubringen – „*die Menschen liebend und sie hinführend zur Tora*"[32]; das Glück heiler zwischenmenschlicher Beziehungen erwartete Hillel aus dem Studium der Überlieferung: „*Wer Tora vermehrt, mehrt Leben; wer das Sitzen* (beim Lehren und Lernen) *vermehrt, mehrt Weisheit.*"[33] Sein Zeitgenosse *Schammai* spornte jeden zu kontinuierlichem Lernen an: „*Mache dein Torastudium zum ständigen Geschäft.*"[34] Die Einrichtung fester Zeiten für das Lernen entsprach diesem Verlangen. Zwei der frühesten Mischna-Lehrer mahnten: „*Schaffe dir einen Lehrer, erwirb dir einen* (Studien-)*Genossen.*"[35] Einige Leute bildeten jeweils Gruppen verschiedenen Umfangs und lernten täglich zusammen, wie es noch heute unter toratreuen Juden der Fall ist, abends nach Beendigung ihrer Arbeit und am Schabbat.

Die gemeinsame Aufgabe des Lehrens und Lernens der Tora hatte sich bereits in der Zeit des Zweiten Tempels eine breite Resonanz im Volk verschafft. Sie demokratisierte die Kommunikation in der jüdischen Gesellschaft. Die Kenntnis der Überlieferung blieb keiner bestimmten sozialen Schicht vorbehalten. Die Weisen betonten das Recht der Kinder von Armen auf Bildung: *„Gebt acht auf die Kinder der Armen, denn von ihnen geht die Tora aus“*[36]; *„Gebt acht auf die Kinder von Unwissenden, denn von ihnen geht die Tora aus“*[37]. Eine der ältesten Traditionen für die Absicht, das Studium der Überlieferung möglichst allen Mitgliedern der Gesellschaft zugänglich zu machen, geht auf *„die Männer der großen Versammlung“* zurück: *„Stellet viele Schüler auf.“*[38]

Jeder, der ein Wissen der Tora erworben hat, ist verpflichtet, andere zu lehren; wer nicht lehrt, obwohl er die Tora studiert, hat nach dem Wort des *R. Meïr* (um 150) *„das Wort des Herrn verachtet“*[39]. Das demokratische Lehr- und Lernverhalten duldet keine starren Positionen: Es gestattet einem Gelehrten, das Eingeständnis, *„von meinen Schülern aber mehr als von allen* (zu lernen)*“*[40]; denn es wird von der Einsicht getragen, daß eine lebendige Weitergabe auf das Gespräch angewiesen ist. Ein wirkliches Gespräch aber besteht in der Wechselrede von Fragenden und Antwortenden, bedarf der Herausforderung und der Begründung. Die Fragen der Kinder entspringen den Vorgängen im Leben der jüdischen Gemeinschaft, die Überlieferung und Bräuche prägen. Sie verlangen Antworten, die Kenntnisse mit der Glaubwürdigkeit der Erwidernden verbinden (Ex 12,26f; 13,14; 13,8; Dtn 6,20.21).

4. Solidargemeinschaft

a) Die Einheit von religiösem und sozialem Verhalten

Die Überlieferung trug wesentlich zum Zusammenhalt der jüdischen Gemeinschaft in der Geschichte bei. Ihr Studium bewahrte jahrhundertelang Juden davor, die spezifische Lebensorientierung zu vergessen; sie rückte die Notwendigkeit in ihr Bewußtsein, daß der Weltberuf des jüdischen Volkes von ihnen verlange, nach der Tora zu leben. Die Überlieferung lehrt, daß die jüdische Gemeinschaft von jedem einzelnen ihrer Glieder abhängt. Sie verwurzelt die Vorschriften des jüdischen Lebensweges in der Vorstellung vom *solidarischen Verhalten* in der jüdischen Gesellschaft: *„Alle Israeliten bürgen, einer für den anderen."*[41] Diese alte Formulierung, die in der talmudischen Literatur immer wiederkehrt, wird in dem doppelten Sinn gebraucht: Alle Glieder der jüdischen Gemeinschaft tragen für die Verfehlung eines einzelnen Verantwortung; die Gesamtheit ihrerseits ist verpflichtet, die einzelnen von Verfehlungen abzuhalten und auf den toragemäßen Weg zu leiten (Lev 19,16f).

Solidarisches Handeln war und ist ebensowenig ein selbstverständliches Phänomen in der jüdischen Gesellschaft wie die Observanz im Leben der einzelnen. Der Neigung der Menschen, die religiöse Praxis hoch zu bewerten und ihr in besonderem Maße Zeit und Kraft zu widmen, kann nur ein permanentes Studium der Überlieferung wirksam entgegenwirken. Denn die Überlieferung hat die Aspekte des *„Religiösen"* und des *„Sozialen"* zu einer Einheit zusammengeschweißt. Im Leben der jüdischen Gemeinschaft und ihrer Glieder soll diese Einheit von religiösem und sozialem Verhalten Frucht bringen. Wer sich in sein privates Dasein zurückzieht, kann die Beziehung zwischen dem Menschen und seinem Mitmenschen nicht erwerben und pflegen (Lev 19,17f.33f). Er verliert den Zusammenhang aus den Augen, der nach der rabbinischen Bibelauslegung zwischen der Aussage: *„Gott schuf den Menschen in seinem Bilde"* (Gen 1,27) und der Anrede: *„Ihr sollt heilig werden"* (Lev 19,2) besteht.

Die Lehrhäuser seit dem Altertum nahmen sich des Problems an. Sie erhoben die im menschlichen Leben täglich gefährdete Einheit von religiöser und sozialer Einstellung zum Gegenstand der Reflexion. Zwei Aussprüche veranschaulichen dies: *„Die Rabbanan lehrten ... wenn sich zu der Stunde, in der Israel sich in Schmerz befindet, einer von* *ihnen absondert, so kommen die zwei Dienstengel, die den Menschen begleiten, und legen ihm die Hände auf sein Haupt und sprechen: Dieser da sonderte sich von der Gemeinschaft ab! Er soll auch den Trost der Gemeinschaft nicht sehen. Ferner lehrten sie: Zu der Stunde, in der die Gemeinschaft sich in Schmerz befindet, sage ein Mensch nicht: Ich will in mein Haus gehen, essen und trinken, und Friede sei mit dir, meine Seele!"* Wen das Schicksal anderer gleichgültig läßt, so fährt diese Tradition fort, verhält sich wie jene Leute, die von der Schrift demaskiert werden: In der Zeit nationaler Trauer, da das Volk weinte und Säcke umgürtete, veranstalteten sie ein Festgelage und riefen: *„Gegessen, getrunken, denn morgen müssen wir sterben!"* (Jes 22,13). Ihr rücksichtsloses, gemeinschaftszerstörendes Handeln zieht das Gericht an: *„Wird je diese Schuld euch bedeckt, bis ihr sterbet ...!"* (V. 14). Darum tut jeder gut daran, nicht nur an sich selbst zu denken und sich nicht abzusondern: *„vielmehr muß der Mensch sich am Schmerz der Gemeinde beteiligen"* und dem Beispiel des Mose folgen: *„Israel befindet sich in der Not, auch ich will mit ihnen in der Not sein."* Ein Redaktor verbindet die soziale Offenheit mit dem Eigeninteresse: *„Wer sich am Schmerz der Gemeinde beteiligt, dem ist es beschieden, den Trost der Gemeinde zu schauen."* Wer sich in der Stunde der Not absondert, kann auch nicht zur Stunde des Trostes zur Gemeinschaft gehören.[42]

b) Die Einübung in den Gemeinsinn

Wenn auch Menschen einsehen, daß einer auf den anderen angewiesen ist, und darum erkennen, daß Solidarität für das menschliche Zusammenleben notwendig ist, so steht doch auch fest, daß Gemeinsinn eingeübt werden muß. Solidaritätsempfinden muß geweckt werden wie die Bereitschaft zu uneingeschränkter religiöser Hingabe. Die jüdische Überlieferung richtet sich an den Menschen, der solidarische Verantwortung lernen muß: *„Du sollst nicht beugen das Recht eines Fremdlings, einer Waise, und nicht pfänden das Kleid* *einer Witwe. Bedenke, daß du Knecht warst in Ägypten"* (Dtn 24,17f); er muß den Gemeinsinn ebenso lernen wie die Unterordnung seines Willens unter den göttlichen Anspruch: *„Du sollst dir kein Bild machen, kein Abbild … Du sollst dich nicht niederwerfen vor ihnen und ihnen nicht dienen"* (Ex 20,4f).

Die Wirkungsgeschichte dieser *Solidarbürgschaft,* die das Judentum kennzeichnet, erfuhr in der Neuzeit bemerkenswerte Ausprägungen: Der hervorragende Talmudgelehrte *Jizchak Elchanan Spektor von Kowno* (19. Jh.) bezog in die Bürgschaft der jüdischen Gesamtheit auch die Juden ein, die zu anderen Religionsgemeinschaften übergetreten waren. Die 1860 gegründete interterritoriale jüdische Hilfsorganisation *„Alliance Israélite Universelle"* unterstützte vor allem Juden in der Diaspora, die infolge ihres Judeseins Verfolgungen und Demütigungen erlitten. Mit ihrem Motto: *„Alle Israeliten sind Genossen"* knüpfte sie an die Forderung aus talmudischer Zeit an. Als Solidargemeinschaft verstanden sich die einstigen russisch-jüdischen Zentren. In Deutschland sah die 1923 ins Leben gerufene Vereinigung tora-treuer Juden (Achdut: *„Einheit"*) als ihre Aufgabe, auch mit den Juden, die bereits vom jüdischen Lebensweg abgewichen waren, in einheitlicher Gemeinschaft zu leben; sie wollte dadurch in allen jüdischen Kreisen der Tora Anerkennung und Geltung verschaffen. Dieses Ziel verfolgte ebenso die Mehrheit der orthodoxen Juden im britischen Mandatsgebiet Palästina; sie hatte in *Raw A.J. Kuk* (1865–1935), dem Oberrabbiner der aschkenasischen Gemeinde in Jerusalem (1919–35), ihren bedeutenden Vertreter gefunden. Innerhalb der zionistischen Bewegung erstrebte auch der Misrachi, die 1902 gegründete zionistische Orthodoxie, die Einheit der *„Gesamtheit Israels"* (Klal Jisrael).

c) Öffentliche Solidarität

In allen Jahrhunderten der Geschichte ihres Volkes fühlten sich die Juden durch die Überlieferung und den von ihr gebotenen besonderen Lebensweg in einer Schicksalsgemeinschaft miteinander verbunden. Die Worte ihrer Lehrer blieben in Erinnerung: „*Nie schließe der Mensch sich aus der Gemeinschaft aus*“[43]; „*vielmehr muß er an der Not der Gesamtheit anteilnehmen*“[44]. Die Bürgschaftsidee regte im Judentum die Bereitschaft an, für das öffentliche Wohl mit Kräften zu sorgen und hingebungsvoll für andere tätig zu sein: „*Wer sich mit gemeinnützigen Angelegenheiten beschäftigt, hat damit ein religiöses Gebot erfüllt.*“[45] Die jüdische Gemeinschaft begriff die mitmenschliche Verbundenheit seit jeher nie nur als Privatpflicht. Aus ihrer Gesamtverantwortung für den Schutz und den Unterhalt von Bedürftigen erwuchs eine lange Geschichte sozialer Institutionen. Der einzelne muß für die öffentlichen Aufgaben seinen Anteil bringen. Zahlreiche soziale Einrichtungen im Land Israel und in den Diasporagemeinden vom Altertum bis zur Gegenwart befreiten die sozial Schwachen aus den Zufälligkeiten und Abhängigkeiten privaten Beistandes. Sie dokumentieren: Das Judentum hat stets als dringende und umfassende *öffentliche* Solidarität praktiziert, Bedürftigen zu helfen und Nöte von ihnen abzuwenden. Bereits im Mittelalter hatte Maimonides das Geldalmosen als niedrigste Stufe der Wohlfahrt angesehen, dagegen als wichtigste solidarische Maßnahme bestimmt, dem Verarmten durch Darlehen oder durch Arbeitsbeschaffung zur Selbständigkeit und damit zur Unabhängigkeit von milden Gaben zu verhelfen.

5. Abgesonderte Gemeinschaft

a) Ausschließlichkeitsanspruch

Das Eigentümlichste am Judentum der Überlieferung ist der Ausschließlichkeitsanspruch seiner Gottesbeziehung (Ex 20,3). Dem einzigen Gott entspricht nur die einzige Liebe zu ihm (Dtn 6,4f), nur der einzige Gottesdienst (Dtn 11,13). Der „*eifernde Gottherr*“ duldet keinen Dienst fremder Götter (Ex 20,5; 34,14). Die Bibel berichtet wiederholt von Vorgängen, in denen sich die Israeliten von fremden religiösen Einflüssen lösen mußten (Gen 35,2–4; Jos 24,23). Sie beweisen eindrücklich, wie nötig es war, das Gebot des eifernden Gottes ständig zu aktualisieren. Die noch heute wirksamen Vorschriften über *„unreine"*, d. h. zur Nahrung verbotene Tiere (Lev 11,2ff; Dtn 14,4ff) werfen Licht auf die lange Geschichte des Ringens Israels, in der Begegnung und Auseinandersetzung mit den Religionen der anderen Völker in seiner Eigenart überleben zu wollen und um seines Erwählungsauftrages willen überleben zu müssen.

Der Zuwendung Gottes (Ex 19,4; Dtn 7,7f) wird das Volk Israel nur durch ungeteilte Hingebung gerecht (Dtn 18,13). Seine Bestimmung, *„aus allen Völkern ein Sondergut"* und *„ein heiliges Volk"* für den Gott der ganzen Erde zu sein (Ex 19,5f; Dtn 7,6; 14,2; 26,18f; Mal 3,17), äußert sich in der Fülle der Gebote und Satzungen, die den besonderen jüdischen Lebensweg festlegen. Den göttlichen Auftrag an Israel zur *Heiligung* (Lev 19,2; 11,44f; 20,7.26) deuteten die Rabbinen als seine Pflicht, sich von den Bräuchen, vom Denken und Handeln der nichtjüdischen Völker im Umgang mit den Gütern der Schöpfung abzusondern: *„'Ihr sollt heilig sein' – abgesondert sollt ihr sein."*[46] Die rabbinische Bibelerklärung unterstrich auch die andere Seite der Heiligung: Die ungeteilte Hingabe an den Willen Gottes soll im Medium der Geschichte, in den Beziehungen zwischen den Menschen Lebensgestalt annehmen: *„Wenn ihr von den Völkern abgesondert seid, siehe, so gehört ihr mir."*[47] Die Absonderung des jüdischen Volkes von den Völkern soll es zu dem Dienst befähigen, den Gott von ihm fordert. Die ungebrochene Gemeinschaft mit Gott und zugleich die ungebrochene mitmenschliche Gemeinschaft wird dem jüdischen Volk durch die Gebote gewährt. Im Bejahen wird es seiner Gottesbeziehung gewiß. Im Erfüllen nähert es sich seinem Ziel, für Gott heilig zu werden.

Seine *Sonderexistenz* unterscheidet das Volk Gottes von allen anderen Völkern (Num 23,9). Nur in seiner Absonderung kann es die göttlichen Gebote gehorsam verwirklichen (Ex 19,8; 24,7) und damit seinen Auftrag unter allen Völkern der Welt erfüllen, die uneingeschränkte Herrschaft des einen Gottes zu bezeugen (Jes 2,1–4; Mi 4,1–5). Zwar muß sich das Gottesvolk absondern, damit aus ihm die Gemeinschaft von Menschen wächst, die miteinander nach dem Willen Gottes leben (Lev 19,2.37). Aber entziehen darf es sich den Völkern nicht; sonst könnte es nicht durch sein Leben ausstrahlend auf sie einwirken (Gen 12,2f; Jes 19,23–25).

b) Partikulare und universale Erwählung

Im Sinne ihrer Überlieferung bekennt sich die jüdische Gemeinschaft zu ihrer partikularen Identität in der Gewißheit, daß Gottes Erwählung universal ist und alle Menschen umschließt: „*Der Heilige, gesegnet sei er, erklärt kein Geschöpf für unwürdig, sondern alle nimmt er auf. Die Tore sind geöffnet zu jeder Stunde, und wer hineinzugelangen sucht, gelangt hinein.*“[48]

Jehuda Halevi beurteilte entsprechend in seinem philosophischen Hauptwerk die beiden Weltreligionen positiv, die aus dem Judentum hervorgegangen waren. Er sah im Christentum wie im Islam vorbereitende Stufen zur messianischen Verheißung, nach der sich alle Menschen vereinigen werden: „*Diese Völker sind die Vorbereitung und Einleitung zu dem erwarteten Messias, der die Frucht ist, und dessen Frucht sie alle werden, wenn sie ihn anerkennen, und alles ein Baum wird.*“[49] Maimonides erkannte in seinem halachischen Hauptwerk in Christen und Muslimen Beauftragte, für den Messias den Weg zu bereiten: „*Sie haben die Worte der Heiligen Schrift und das Gesetz der Wahrheit über die Erde verbreitet und werden sich, frei von den Irrtümern, denen sie jetzt noch anhängen, bei dem Eintritt der messianischen Zeit der vollen Wahrheit zuwenden.*“[50] Nach ihm unterschieden sich die Christen nur in der Deutung der Bibel. In einer seiner rabbinischen Antworten schreibt er, daß sie

„glauben und bekennen wie wir, daß die Bibel göttlichen Ursprungs und durch unseren Lehrer Mosche offenbart worden ist.“[51]

Das Judentum blickt aus der jeweiligen geschichtlichen Enge in die universale Zukunft und damit auf die ganze Menschheit. Sein markanter Zug, die Gebote Gottes zu leben, wehrt jedem begrenzten Urteil über eine andere Religion. Es gewinnt aus der Gewißheit des eigenen Wertes die Freiheit, anderen Religionen gerecht zu werden. Die Weite des Horizonts spricht aus der besonderen Form des Achtzehngebets für das Neujahrsfest und für den Versöhnungstag: „*Und so lege denn die Furcht vor dir … auf alle deine Werke und das Erbeben vor dir auf alles, was du erschaffen …, so wie wir wissen …, daß die Herrschaft vor dir ist … und dein Name erhaben über alles, was du erschaffen.*“

VI. Gott Israels – Land Israel – Volk Israel

1. Bedeutung des Landes

a) Gottesbeziehung und Beziehung zum Land

Dem Land Israel kommt in der Hebräischen Bibel, im talmudischen Schrifttum, im jüdischen Gebet und Brauchtum hohe Bedeutung zu. Hier gehören Land, Volk, Gott zusammen. Die Einheit von Religion und Volk im Judentum wehrt jedem Versuch, Israels Gottesbeziehung zu vergeistigen und zu verinnerlichen. Die Verbundenheit zwischen Land, Volk und Gott markiert die Erde als den Raum und die Geschichte als den Ort der Öffentlichkeit, in dem das jüdische Volk die Nähe Gottes suchen und seinen Willen ausführen soll. Juden haben stets im Land Israel und seit dem ersten Exil ebenfalls außerhalb des Landes gelebt. Dennoch ist auch im Judentum der Diaspora nie das Wissen völlig verlorengegangen, daß jüdisches Leben voll nur in Verbindung mit dem Land verwirklicht werden kann und die Liebe zu Gott jüdische Frömmigkeit tiefer in die Schöpfung hineinführt, nicht aber in den *„Himmel“* treibt. Dieses eigentümliche Verhältnis Israels zu seinem Land kann von seinem Gottesverhältnis nicht abgelöst werden. Denn in die Wechselbeziehung zwischen dem Gott Israels und seinem *„heiligen Volk“*, seinem *„Sondergut“*-Volk (Ex 19,5f; Dtn 7,6; 14,2; 26,18f), ist das Land organisch eingebunden, *„in dem ihr wohnt, in dessen Mitte ich einwohne“* (Num 35,34). Der Herr der Welt hat dieses Volk dahin geschickt, damit es dort die gottgewollte Gemeinschaft zwischen den Menschen unter der Herrschaft Gottes zu errichten beginne.

Von der Urzeit her sind das jüdische Volk und seine Religion mit dem Land verschmolzen. In den Erzvätererzählungen haften am vorgeschichtlichen Leben von Personen bereits die für die Geschichte des Volkes wesentlichen Elemente. Die Gottesoffenbarung an den einzelnen Patriarchen nimmt die Geschichtsoffenbarung an Israel vorweg: Abram zog durch *„das Land Kanaan“ „und rief den Namen aus“*, desgleichen tat Isaak. Beide proklamierten den wahren Eigentümer des Landes (Gen 12,8; 13,4; 21,33; 26,25) und forderten damit alle Bewohner zu seiner Verehrung auf.[1] Der Menschengemeinschaft, die ihn verehrte, versprach Gott, *„dieses Land zu geben, es zu ererben“* (Gen 15,7). An die Ankündigung an Abram (Gen 12,7; 13,15.17; 17,8) erinnert die Landverheißung, die an Isaak (Gen 24,7; 26,3f) und an Jakob (Gen 28,4.13; 35,12; 48,4; 50,24) erging. Die entscheidende Brücke von der Stammvätergeschichte zur Geschichte der Nachkommen im Volk Israel schlagen die Elemente der Herausführung und der Landgabe (Gen 15,7.18). Mit dieser Verklammerung schließen auch die Traditionen von den Vätern (vgl. Gen 50,24 mit Ex 3,8.17): Das Versprechen des Landes an die Väter erfüllt sich in der Gabe des kanaanäischen Landes an das Volk Israel, das Gott aus der Knechtschaft errettet hat. Daß die Gabe bzw. der Besitz des Landes stets schweren Gefährdungen ausgesetzt sein wird, läßt die Schwurform ahnen, mit der die Zusicherung verstärkt wird (Dtn 1,8.35; 4,31 etc.).

b) Leben innerhalb und außerhalb des Landes

Die Geschichte der Beziehung zum Land behielt für das jüdische Volk auch nach der Zerstörung des Zweiten Tempels ihre Bedeutung; denn es ist die Geschichte der Beziehung des Volkes zu dem Gott Israels. Die Rabbinen lehrten als heilige Pflicht, im Land auszuharren; denn gewisse Bestimmungen der Tora sind an den Boden Israels geknüpft und haben außerhalb des Landes keine oder nur beschränkte Geltung.[2] Sie zwangen, nicht nur zwischen dem *„Land Israel“* und *„außerhalb des Landes“* zu unterscheiden, sondern auch, nur in Katastrophenfällen ins Ausland zu ziehen. Lediglich eine Reise, die Leben und Gesundheit der Diasporajuden hätte bedrohen können, sowie politische Verhältnisse im Land, die es den Juden nicht gestatteten, die den Boden betreffenden Vorschriften zu erfüllen, entbanden noch im Mittelalter von der Pflicht, im Land Israel zu siedeln. Darum gilt bis in die Gegenwart der Grundsatz für die Diaspora, daß die im Lande lebenden Juden ein Vorrecht auf Unterstützung haben.

Verschiedene Deutungen des göttlichen Ausspruchs werden tradiert: *„Auserben werdet ihr das Land und in ihm siedeln, denn euch habe ich das Land gegeben, es zu ererben"* (Num 33,53). Juden, die in der Erlösung das Werk Gottes betonen, hören aus ihm ein göttliches Versprechen heraus, das ohne aktive Mitwirkung von Menschen erst in der messianischen Gottesherrschaft eingelöst werde. *Mose ben Nachman (RaMBaN/Nachmanides,* 1194–1270) aber erkannte in ihm das Gebot für das jüdische Volk, im Land zu siedeln und es zu bebauen. Juden, die ein anderes Land für ihren Aufenthalt wählten, würden sich der Übertretung des Gebotes schuldig machen. Seitdem diente diese Bestimmung allen rabbinischen Vorschriften als Grundlage, die nachdrücklich die Bebauung des Landes Israel forderten, auch solchen, die ausschließen, daß Nichtjuden im Land Niederlassung gewährt oder Boden an Nichtjuden verschenkt oder gar verkauft werde. Dagegen stellte Maimonides in dem göttlichen Ausspruch kein derartiges Gebot fest. Er beeinflußte die Meinung der Juden in der Diaspora bis in die Gegenwart. Sie beanspruchen für sich das Recht, auch nach der Gründung des Staates Israel weiterhin *„außerhalb des Landes"* zu leben. Dabei berufen sie sich auf die talmudische Tradition von drei Gottesschwüren: *„Einer, daß Israel nicht in geschlossenen Reihen* (wörtlich: in einer Mauer) *hinaufziehe* (aus dem Exil)*; einer, daß … Israel … sich nicht gegen die* (nichtjüdischen) *Völker auflehne; und einer, daß … die Völker … Israel nicht übermäßig knechten."*[3]

c) Heimkehr der Exilierten

Die Rabbinen hatten den Kampf zur Verteidigung des Landes ethisch gebilligt, jedes Bestreben jedoch energisch abgewiesen, es mit Gewalt zurückzuerobern: Die Heimkehr der Exilierten beruhe auf einem göttlichen Versprechen, das allein Gott verwirklichen könne. Eine Rückkehr in das Land mit Hilfe kriegerischer Mittel stelle ein Unternehmen dar, „*die Tage des Messias*" gewaltsam herbeizuführen. Der Messias „*kommt, um die Exilierten Israels zu sammeln*"[4].

Durch die Jahrhunderte verbanden Liturgie und Brauchtum sowie die Pflicht, die jüdische Bevölkerung im Land finanziell zu unterstützen, das Judentum in der Diaspora mit dem Land Israel. Sie hielten im jüdischen Volk „*außerhalb des Landes*" die Hoffnung lebendig, daß sich der erste Auszug wiederholen und die Zerstreuten nach Zion zurückkehren würden. Die Tradition vergegenwärtigt bei lernenden und betenden Juden die Erzählungen vom Auszug aus der Knechtschaft und der ihn begleitenden Wunder (Ex 12,26f; 13,8.14; Dtn 6,20ff). Die Ordnung für die Familienfeier am Pessachfest legt jedem an der Mahlzeit Beteiligten zur Pflicht auf, sich selbst mit denen gleichzusetzen, die aus dem ägyptischen Sklavendienst befreit wurden. Die Gebete am Schabbat und an den Festtagen erneuern das „*Andenken an den Auszug aus Ägypten*" (Dtn 5,15). Bei traditionsgebundenen Juden versiegte daher die Zuversicht nie ganz, daß die Errettung aus den einzelnen trüben Phasen der Verbannung andere Zeiten und Feste stifte, die ihnen zur Vollendung entgegenkämen: „*So lasse uns … unser Gott* (*und Gott unserer Väter*) *noch andere Feste und Feiertage erleben, denen wir in Frieden entgegengehen mögen, froh durch den Wiederaufbau deiner Stadt … Dort … werden wir dir* (*mit neuem Lied*) *danken für unsere Erlösung und für die Befreiung unserer Seele. Gesegnet seist du …, der Israel erlöst hat.*" Diese Bitte R. Akibas sprechen Juden seit alter Zeit noch immer am Seder-Abend vor der Mahlzeit, mit der das Pessachfest in der Familie beginnt.[5]

In der ersten Hälfte des 19. Jh. ermunterten Rabbinen die Frommen in der Diaspora, in das Land Israel zurückzukehren. Dadurch würden sie Gottes Barmherzigkeit erwekken und sein Erlösungswerk offenbar machen, legten sie das prophetische Gotteswort aus: „*Kehret um zu mir ..., und ich kehre um zu euch*" (Sach 1,3). Sie unterschieden zwischen der „*individuellen*" Umkehr, der Abkehr des Sünders von seinen Verfehlungen, und der „*nationalen*" Umkehr. Hatten die talmudischen Weisen „*Umkehr*" als die Vorbedingung der Erlösung gelehrt, so deuteten sie „*Umkehr*" konkret als eine langsame und planmäßige „*Rückkehr*" nach Zion als ersten Schritt zur Erlösung des jüdischen Volkes. Bevor Gott sich Israel zuwenden und seine Gebete erhören werde (Lev 25,38), müsse Israel zuerst in das Land „*zurückkehren*". Mit dieser Begründung erstrebten die Anhänger der Zionsidee („*Zionsliebende*"), auf friedliche Weise in das Land Israel zurückzukehren; ihre Bewegung „*Zionsliebe*" (Chibbat-Zijjon) propagierte die Neubesiedlung des Landes als den natürlichen Weg für Juden.

d) „*Anfang der Erlösung*"

Zunächst hatten viele orthodoxe Rabbiner den Zionismus deshalb bekämpft, weil hier eine rein menschliche Erlösung den von Gott gesandten Erlöser zu ersetzen schien. Für sie hatte die in der Liturgie oft wiederholte Bitte Geltung: „*Umkehren mache ... uns zu dir, daß wir heimkehren können*" (Thr 5,21). Sie drücke aus, daß Israel nicht aus eigener Kraft, sondern allein durch Gottes Walten erlöst werde. Die Ausrufung des Staates Israel änderte bei der Mehrzahl von ihnen diese Einstellung. Es verbreitete sich die orthodoxe Sicht, in der geschichtlichen Veränderung im Land Israel „*den Anfang der Erlösung*" zu erkennen. Sie förderte die Bereitschaft, in den von Menschen, unter Gottes Leitung, ausgeführten politischen Gründungen, den Bau zu empfangen, den Gottes unmittelbares Handeln aufrichten werde. Der erste aschkenasische Oberrabbiner vor der Staatsgründung, A.J. Kuk, lehrte, daß die Rückkehrbewegung in die nationale Heimstätte wesentlich religiös motiviert sein sollte, da das jüdische Volk allein im Land Israel sein volles religiöses Leben entfalten könnte. Heute entnehmen orthodoxe Ausleger der Tradition, daß sich das jüdische Volk bereits inmitten der messianischen Epoche befinde, und zwar in der Endzeit, die den *„Tagen des Messias"* vorausgehe. Sie verstehen die Rückkehr der Juden nach Zion als das Hauptmerkmal des Beginns des messianischen Zeitalters. Dabei stützen sie sich auf die Vorstellung der Weisen vom Ablauf der Erlösung und auf die Segenssprüche für die Nöte des Volkes im Achtzehn-Bitten-Gebet, die ebenfalls mit der Zurückführung der Zerstreuten einsetzen.[6]

2. *„Höre, Israel!"*

a) Lebenswirklichkeit statt Dogmen

Jüdisches Suchen und Nachdenken, jüdisches Lernen, Lehren und Beten ist mehr existentiell als theologisch gewonnen. In der Überlieferung des Judentums wirken die Fragen und Antworten von Juden. Sie bringt erfahrene und wiedererfahrbare Lebenswirklichkeit des Menschen innerhalb der jüdischen Gemeinschaft zur Sprache. Auf unbedingte, d. h. beziehungslose Wahrheiten verzichtet sie. Dadurch leitet sie die Hörenden an, selbständig mitzudenken, abzuwägen und zu wählen. Was füllt die biblische und die wichtige nachbiblische jüdische Überlieferung? Statt einer systematischen *„jüdischen"* Theologie bietet sie Synthesen einander widersprechender Erfahrungen des Vertrauens und Zweifelns, der Bereitschaft zu hingebender Liebe an den Mitmenschen und des Ausbruchs von tötendem Haß, von menschlicher Größe, aber auch von Kleinmut und Schwäche. Sie wendet sich an Lernende, die in ihrem Studium mündig werden wollen zu verstehen, worauf es im Leben ankommt. Sie weckt und schärft die menschlichen Fähigkeiten zu selbstbewußter und verantwortlicher Entscheidung. Die jüdische Überlieferung pflanzte die Religion in das Leben des Volkes und bewahrte so das Judentum vor den Gefahren einer Theologen-Herrschaft: „*Jeder, dessen Weisheit größer ist als seine Taten, womit ist der zu vergleichen? Mit einem Baum, der viele Zweige, aber wenig Wurzeln hat; es kommt ein Wind und entwurzelt ihn und wirft ihn um … (Jer 17,6). Jeder aber, dessen Taten mehr sind als dessen Weisheit, womit ist der zu vergleichen? Mit einem Baum, der wenig Zweige, aber viele Wurzeln hat, so daß, selbst wenn alle Winde der Welt kommen und ihn anwehen, sie ihn nicht von seiner Stelle verrücken können … (Jer 17,8).*“[7]

Die Lehrer des Judentums bildeten, um ein Beispiel zu nennen, keinen Begriff von der Schöpfermacht Gottes, sondern fragten, ob Gott die Welt aus Gerechtigkeit oder nicht vielmehr aus Liebe erschaffen habe. Sie ließen Gott antworten: „*Erschaffe ich die Welt mit der Weise des Erbarmens, so werden ihre Sünden sich häufen; erschaffe ich sie dagegen mit der Weise des strengen Rechts, wie könnte die Welt bestehen? Darum: Ich schaffe sie mit der Weise des strengen Rechts und mit der Weise des Erbarmens; so möge sie bestehen!*“[8] Solche Art des Fragens und Antwortens enthält die „*theologische Dimension*“ der jüdischen Überlieferung. Sie zielt auf das Verstehen um des Lebens des Menschen willen. Sie will auch nicht die menschliche Neugierde nur durch Erklärungen befriedigen.

Die Rabbinen hatten die auffallende doppelte Benennung Gottes in der Hebräischen Bibel – einmal durch den Gebrauch des Wortes „*Elohim*“ („*Gott*“), zum anderen durch den hebräischen *Vier-Buchstaben-Namen Gottes* „*JHWH*“ – etwa achtzehn Jahrhunderte vor der historischen Erforschung der Bibel festgestellt. Ihnen war aufgefallen, daß es Gen 1,1 heißt: „*Im Anfang schuf Elohim den Himmel und die Erde*“, Gen 2,4 dagegen lautet: „*am Tag, da JHWH Elohim Erde und Himmel machte.*“ Während die Bibelwissenschaft seit der Aufklärung hier ein erstes Kriterium ihrer literarkritischen Betrachtung des Pentateuchs entdeckte, suchten die frühen jüdischen Ausleger, ihre Wahrnehmung vom Ganzen der Bibel her zu verstehen und in der Doppelung der Gottesbezeichnung einen Hinweis auf die beiden Seiten des göttlichen Handelns zu hören: „*Gleich einem Könige, welcher leere Becher hatte; da sprach er: Schütte ich Heißes hinein, so springen sie; schütte ich Kaltes hinein, so bersten sie. Was machte der König? Er mengte das Heiße mit dem Kalten, schüttete es dann in die Becher, und es blieb darin.*“[9] In diesem Gleichnis wird das Problem, auf das die Rabbinen gestoßen waren, nicht zum bloßen Gegenstand ihrer Vernunft. Sie lösten es auf eine Weise, die das Dasein der Menschen mit seinen Spannungen, mit seinem Ringen und Leiden berücksichtigte. In ihre Beobachtungen des biblischen Sprachgebrauchs schlossen die Rabbinen ihre Lebenserfahrungen mit ein und deuteten die Gottesbezeichnung „*Elohim*“ auf das Wirken der göttlichen Gerechtigkeit; dagegen hörten sie aus dem heiligen Gottesnamen „*JHWH*“ Gottes barmherziges Handeln klingen.

b) Alleinverehrung des Gottes Israels

Diese Auslegung läßt die Annahme nicht zu, der Name Gottes in der Hebräischen Bibel sei aus einem gedanklichen Zusammenhang entstanden, in dem sich Israels „*Monotheismus*“ habe entwickeln können. Sie führt den Namen und die Alleinverehrung des Gottes Israels auf die Wechselbeziehung zwischen dem *einen* Gott und dem Volk Israel zurück. Die Begegnungen in dem gemeinsamen Verhältnis gründen sich auf die Selbstbestimmung Gottes: „*Ich bin JHWH, dein Gott, der ich dich führte aus dem Land Ägypten, aus dem Haus der Dienstbarkeit*“ (Ex 20,2) *und* auf die Anerkennung seiner Herrschaft durch das angeredete Israel und damit durch jeden mitangeredeten einzelnen im Volk: „*Alles, was JHWH geredet hat,* wollen wir tun“ (Ex 19,8; 24,7). Es ist nicht *ein* Name, der diesen Gott von anderen unterscheiden sollte, vielmehr *der* Name *(Ha-Schem)*, der den Einen Gott allen anderen als den einzigen gegenüberstellt. Machtvoll hat das Volk Israel in seiner Geschichte nur diesen Namen seines Gottes erfahren (Ps 20,8; 72,2; 113; 118; 124,8; 135; 136; 148,5.13). Er erwies sich ihm in seiner Geschichte als der Erste und der Letzte, als der Einzige (Jes 44,6), der von Anfang an das Kommende ansagt und herbeiführt (Jes 41,26).

Der Unbedingtheitsanspruch, der von dem *„einen“* Namen ausgeht, verlangt vom jüdischen Volk das Bekenntnis der *„Einheit“*. Doch ehrfurchtsvolle Scheu meidet seit der Periode des Zweiten Tempels die Aussprache des göttlichen Namens. Trotzdem drohte dem Vier-Buchstaben-Namen *„JHWH“* nie die Gefahr, vergessen zu werden, weil er in den Schriftrollen geschrieben wird, aus denen die Wochenabschnitte aus der Tora im synagogalen Gottesdienst verlesen werden. Die an seiner Stelle im Gebet und bei der Tora-Vorlesung gebrauchte Umschreibung *„Adonaj“* (*„Herr“*, *„mein Herr“*) erhält den Gottesnamen lebendig; denn unter ihrem Klang tritt der wirkliche Name Gottes hervor. Mit *„Adonaj“* wählen Juden, die aus der Schrift vortragen und die beten, ein Wort der Beziehung. Dazu hatten es bereits die Propheten Israels in Anrede und Ausruf geprägt (Am 5,3; 7,1f.4f.7f; Jes 6,1).

Die Rabbinen deckten den Zusammenhang auf zwischen dem als *„Adonaj“* ausgesprochenen Gottesnamen und den Kundgebungen von Gottes Langmut und Barmherzigkeit in der Tora (Ex 34,6f). In ihnen erkannten sie das wesentliche Merkmal des biblischen Zeugnisses vom Handeln Gottes: *„In der Stunde, in der Gott den ersten Menschen erschaffen wollte, beriet er sich mit den Dienstengeln und sprach zu ihnen: Wir wollen einen Menschen machen in unserem Bilde und nach unserer Ähnlichkeit. Wozu?, fragten sie ihn. Damit die Gerechten von ihm erstehen … Er offenbarte ihnen aber nicht, daß Frevler von ihm erstehen würden. Denn hätte er ihnen auch das offenbart, so würde das Maß der Gerechtigkeit die Erschaffung nicht zugelassen haben.“*[10]

c) Hören und Bekennen

Das Judentum der Überlieferung stellt sich täglich der Aufforderung: *„Höre, Israel!"*; denn die Gemeinschaft des erwählten Volkes muß an jedem Tag neu geschaffen werden. Es bekennt im ersten Teil seiner Antwort: *„Adonaj, unser Gott"* die unmittelbare Gegenwart des Erwählers unter denen, die sein Erwählungswerk bejahen; es bekennt im zweiten Teil seiner Antwort: *„Adonaj ist einzig!"* die Einigung des Einzig-Einen mit seinem Volk. Kein anderes biblisches Wort erhielt diesen Rang in der Liturgie des jüdischen Gottesdienstes und im jüdischen Alltag wie das *„Höre, Israel* (hebräisch: *„Schma Jisrael"*)*! Adonaj, unser Gott, Adonaj ist einzig!"* (Dtn 6,4).

Schon in der Periode des Zweiten Tempels stellten die biblischen Abschnitte Dtn 6,4–9; 11,13–21; Num 15,37–41 einen unerläßlichen Teil des täglichen Morgen- und Abendgebetes dar. Wenn sie zur Stunde des Gebets vorgetragen werden, umrahmen sie Segenssprüche und binden sie in den Gebetsgottesdienst ein. Die drei Stücke aus der Tora, aber auch ihre Lesung zusammen mit den rahmenden Segenssprüchen haben den Namen *„Schma Jisrael"* von dem Anfang erhalten: *„Höre, Israel! Adonaj, unser Gott, Adonaj ist einzig!"* Dieses aus Aufforderung und Bekenntnis zusammengesetzte Wort wird auch gesondert rezitiert beim Ausheben der Torarolle am Schabbat und an Festtagen, am Anfang des Morgengebetes, in der Heiligung (Jes 6,3) des Zusatzgebetes an Schabbat- und Feiertagen, im Schlußgebet des Versöhnungstages; es wird aber auch als Kindergebet gelernt und als Nachtgebet gesprochen. Die auffallende Wiederholung im Gottesdienst drückt den Eifer und die Hingabe aus, mit der die Lehrer des Judentums die Ausrufung des Einzig-Einen in ihrem Volk verwurzelten und schützten.

Dieses zentrale Bekenntnis im Judentum ist in Zeiten der Freude und des Leidens zum sprachlichen Mittel des Lobens und Hoffens geworden, der Stärkung für Zweifelnde und Sterbende. Es soll mit voller Aufmerksamkeit, hörbar und deutlich, in Ehrfurcht und mit Zittern ausgesprochen werden. Der Jude, der es tut, wird ein Zeuge von der Einheit Gottes in der Welt: Den das betende Judentum jetzt als *„unser Gott“* ausruft, werden einst alle Völker bei seinem Namen anrufen (Zeph 3,9) und als den einzig-einen Gott anerkennen (Sach 14,9).

Die Schriftabschnitte, die im weiteren Sinn das Schma Jisrael bilden, sind absichtsvoll gegliedert: Der mit *„Höre!“* einsetzende erste (Dtn 6,4–9) bewegt den Lesenden, das *„Joch der göttlichen Herrschaft“* auf sich zu nehmen. Hat er sie anerkannt, weckt in ihm der zweite Abschnitt (Dtn 11,13–21) die Bereitschaft, das *„Joch der Gebote“* zu übernehmen. Der dritte Absatz in dieser Ordnung (Num 15,37–41) weist dem Betenden nach der *„Annahme der göttlichen Herrschaft“* und der *„Annahme der göttlichen Gebote“* den Weg zu individueller Heiligung.

d) Die Beziehungssprache

Das Reden von Gott in der Bibel und in der Traditionsliteratur bezieht sich auf das geschöpfliche Gegenüber. Die sprachliche Gestaltung rührt von dem unverkümmerten Wissen der Menschen um die Art her, *wie* Gott dem Menschen begegnet: Er geht in die konkrete ganzheitliche Wirklichkeit seines Geschöpfes ein, indem er ihm ebenso konkret ganzheitlich begegnet. Jede Aussage lebt aus der Begegnung mit Schöpfung oder Geschöpf. Die Vermenschlichungen in Begriff und Sprache sagen weder etwas über Gott noch über den Menschen aus, vielmehr darüber, was zwischen ihnen beiden geschieht. Deshalb ist es unzulässig, die sogenannten Anthropomorphismen in der Bibel und in der aggadischen Literatur als Beschreibungen aufzufassen und zu folgern, Gott habe Augen, Ohren, Mund, Hand, Bein, Nase. Dennoch gehören zu einer lebendigen Beziehung, die der Mensch erfahren kann, das Sehen, Hören, Reden, Ergreifen, Niedersteigen, Riechen oder Schnauben selbstverständlich dazu und bilden darum auch für Gott keine unwürdige Beschränkung (Ex 3,7; Ps 138,6; 13,2.4; 3,8; 33,9.13).

Der biblische Stil gibt dem Menschen auf, was ihm auch zu tun möglich ist, wenn er sich nur öffnet: unbegrenztes Vertrauen in Gottes unbegrenzte Kräfte zu setzen, der allen Geschöpfen in jedem Augenblick ihres Daseins begegnet. Die Rabbinen betrieben das Werk der biblischen Meister weiter und bereiteten den Boden, verstehend zu bejahen, daß Gott kann, was er will: „*Überall, wo du die Größe des Heiligen, gesegnet sei er, findest, findest du auch seine Bescheidenheit* (‚Selbsterniedrigung'). *Dies ist in der Tora geschrieben* (Dtn 10,17.18), *in den Propheten wiederholt* (Jes 57,15) *und in den Schriften verdreifacht* (Ps 68,5.6).“[11] Der im biblischen und talmudischen Schrifttum bezeugte Gott Israels regiert nicht nur die Welt; er begibt sich auch in die Situationen seines Volkes und der einzelnen hinein: „*Denn Adonaj ist erhaben, und er sieht den Niedern*“ (Ps 138,6). In den Leidenstiefen von Israels Geschichte erweiterte und vertiefte sich die Einsicht der Propheten in die Problematik des Weges der israelitischen Gemeinschaft. Sie verkündigten den Gott Israels, der sich den Leidenden zeigt und dennoch in seiner Weltübermacht nicht verkürzt wird (Jes 57,15). Die prophetischen Worte füllten sich mit dem Widerhall der Liebe und der Enttäuschung, der Barmherzigkeit und des Unwillens Gottes. Aber auf jede Weise bezeugten sie Gottes Verbundensein mit der Gemeinschaft Israels und mit allen Geschöpfen, sein Verwickeltsein in das Leben der Menschen.

Nach der Überlieferung treffen Gott und Mensch auf geheimnisvolle Weise in der menschlichen Tat zusammen. Weil Gottes Gebote nicht bloß Handlungsempfehlungen für die Menschen sind, sondern ausdrücken, daß Gott sich um die Menschen kümmert und sorgt, ist Gott persönlich davon berührt, ob die Menschen seinen Willen tun oder aber verwerfen (Am 6,8; Jer 5,9; 51,14). Die Propheten gestalteten sprachlich die Wirkweise des menschenverbundenen Gottes. Ein Zwiegespräch zum Beispiel sollte verdeutlichen, wie Gott miterlebt und sich in das Schicksal seines Volkes einläßt: „*Will auf Weltzeit er grollen, auf Dauer es denn bewahren?!*“ Auf Israels klagende Frage reagiert Gott: „*Kehre um …; denn liebevoll bin ich … Nicht will auf Weltzeit ich grollen*“ (Jer 3,5.12). Dem Zorn Gottes, der einen Augenblick andauert, stellt sich Gottes Liebe entgegen, die für immer weitergeht: „*Als der Groll überschwoll, verbarg ich mein Antlitz eine Regung lang vor dir, aber in Weltzeit-Huld erbarme ich mich nun dein*“ (Jes 54,8).

e) Göttliche und menschliche Betroffenheit

Daß sich Gott liebevoll zu seinem Volk herabläßt, empfanden die Rabbinen als eine radikale Umkehrung des Verhältnisses Gott – Mensch. Der hohe und erhabene Gott (Ex 19,3.12.20; Jes 6; Ps 115,16; Hi 26,9) begibt sich selbst in das begrenzte Dasein seiner Geschöpfe! Die Weisen dachten über solche Begegnungsweise Gottes nach und gestalteten nun aus den Exilen ihres Volkes eine Geschichte gegenseitiger göttlicher und menschlicher Betroffenheiten. Sie legten Gottes Zusage an Mose (Ex 3,14) im Sinn des göttlichen Versprechens aus: „*Ich werde mit euch in dieser* (ägyptischen) *Knechtschaft sein, und ich werde mit euch in den Knechtschaften der Weltreiche sein.*“[12] Gott verbindet sich so innig mit dem Geschick seines Volkes, daß er auch an seinen Leiden in der Verbannung teilnimmt.

Die rabbinische Bibelexegese führt anschaulich vor, wie sich Israels Bundesgott selbst entäußert und sich in der Weltgeschichte erfahrbar macht. Er zieht mit Israel ins Exil, geschichtsleidend, vom Schicksal Israels abhängig: „*Immer wenn die Israeliten geknechtet werden, wird die Schechina* (Gottes Gegenwart in der Welt) *gleichsam mit ihnen geknechtet … Wohin immer die Israeliten verbannt wurden, war die Schechina gleichsam mit ihnen verbannt. Die Israeliten wurden nach Ägypten verbannt, und die Schechina war mit ihnen … die Israeliten wurden nach Babylon verbannt, und die Schechina war mit ihnen … die Israeliten wur-*

den nach Edom (steht für Rom) *verbannt, und die Schechina war mit ihnen ... Und wenn die Israeliten dereinst zurückkehren werden, dann wird die Schechina gleichsam mit ihnen* (in das Land Israel) *zurückkehren.*"[13] Zwar betonten die Weisen, daß Gott sich im Himmel *und* auf Erden, bei den Engeln *und* den Menschen befindet; um aber die Verbannten ihres Volkes zu stärken und zu trösten, bekannten sie Gott, der seine Schöpfung und seine Geschöpfe bevorzugt: „*Damals entstand ein ‚Wehe' unter den Dienstengeln. Sie sprachen: Nun entfernt er* (Gott) *seine Schechina von uns weg und läßt seine Herrlichkeit unten bei seinen Söhnen ruhen. Da sprach der Heilige, gesegnet sei er, zu ihnen: Richtet eure Aufmerksamkeit nicht darauf! Meine Schechina ist immer mit euch in der Höhe! ... Mit leerem Trost tröstete er sie – wenn man so sagen darf. Es ist ja hervorzuheben: Die Hauptsache seiner Schechina ist unten auf der Erde.*"[14]

f) Die Erfahrung vom einwohnenden Gott

Wie Gott, der doch erhaben im Himmel thront (Ps 33,13f), mitten unter seinem Volk gegenwärtig sein kann, entfalteten die Rabbinen mit dem Terminus „*Schechina*". Die Vorstellung vom Wohnen Gottes in Israels Mitte, die er ausdrückt, gründet sich zum Beispiel auf den biblischen Satz: „*Ein Heiligtum sollen sie mir machen, daß ich einwohne in ihrer Mitte*" (Ex 25,8). Mit „*Schechina*" bezeichneten die Rabbinen vor allem und ursprünglich Gottes Gegenwart im Heiligtum als dem erwählten und geheiligten Ort, an dem Gott die Gemeinschaft mit Israel vollzog. Anders als die ältere Verwendung des Terminus für Gottes Herabkommen zur kontinuierlichen Gegenwart im Heiligtum markierte der jüngere Sprachgebrauch von Schechina die zeitlich begrenzte, in Israels Vergangenheit geschehene Gegenwart Gottes zur Wortoffenbarung, zur Hilfe und zum Gericht.

Die Geschichte nach der Tempelzerstörung 70 n. Chr. versagte dem jüdischen Volk entsprechende Erfahrungen der Gegenwart Gottes im Tempel und der speziellen Erscheinungen. Damit verblaßte auch die Unterscheidung zwischen den beiden Vorstellungen. Der Gegenwartstyp wirkte in den Worten von Gottes Verbundensein mit Israel im Exil fort, die Lehrer an das Diaspora-Judentum richteten. Sie erzählen davon, daß Gott auf eine unsichtbare, aber höchst reale Weise an den Wegen des Volkes beteiligt ist.

Nicht um Definitionen mühten sich die Lehrer des Judentums; einen „*Begriff*" von Schechina schufen sie so wenig wie einen „*Gottesbegriff*". Mit dem Ausdruck „*Schechina*" beschrieben sie den Akt der Einwohnung und dann auch die geschichtliche Erfahrung Israels vom einwohnenden Gott selbst. Sie wollten dadurch die wechselseitige Beziehung zwischen Gott und Israel auch unter veränderten geschichtlichen Bedingungen dem jüdischen Volk lebendig erhalten. Denn in jeder Situation sollen sich alle seine Glieder dankbar zu Gott bekennen: „*O Glück uns! Wie gut ist unser Teil, wie lieblich unser Los, wie schön unser Erbe! O Glück uns, daß wir früh und spät, abends und morgens, zweimal täglich aussprechen: ‚Höre, Israel! Adonaj, unser Gott, Adonaj ist einzig!*'"[15]

3. Das Volk des Gottes Israels

a) Erwählung als Aufgabe

Nach dem Selbstzeugnis des biblischen Israel ist seine Setzung zum Volk Gottes ausschließlich im geheimnisvollen Entschluß des Eigners der ganzen Erde und aller Völker (Ex 19,5) begründet: „*Dich erwählte Adonaj, dein Gott, ihm ein Sonderguts-Volk zu sein, aus allen Völkern, die auf der Fläche des Erdbodens sind*" (Dtn 7,6=14,2; vgl. Jes 44,1f; Ez 20,5). Durch „*erwählen*" sowie durch andere, ihm nahekommende Verben – „*auserkennen/annehmen*" (Am 3,2), „*abscheiden/aussondern*" (Lev 20,24.26), „*erfassen*" und „*rufen*" (Jes 41,9) – unterstrich das biblische Israel nachdrücklich den geschichtsmächtigen Willen des Erwählenden. Allein in seiner Tat liegt der Ursprung dieses besonderen Verhältnisses: „*Euch aber nahm Adonaj und führte euch aus dem Eisenschmelzofen, aus Ägypten, ihm zu einem Eigentumsvolk zu werden*" (Dtn 4,20). Er hat sich nicht von menschlichen Beurteilungsmaßstäben und Auswahlkriterien leiten lassen: „*Nicht, weil ihr mehr seid als alle Völker, hat er sich an euch gehangen, hat euch erwählt; denn ihr seid die wenigsten von allen Völkern: sondern weil Adonaj euch liebt*" (Dtn 7,7f; vgl. 4,38; 9,4–6; 10,15; Mal 1,2).

Die Erwählung Israels, „*aus allen Völkern ein Sondergut*" und „*ein heiliges Volk*" zu sein (Ex 19,5f; Dtn 7,6=14,2; 26,18f; Mal 3,17; Ps 135,4), bezeichnet Gottes besondere Beziehung zu Israel: Er beansprucht es für seinen Erwählungsauftrag. Denn mit der Erwählung wird Israel als „*ein Königsbereich von Priestern*" (Ex 19,6) eingesetzt: Es soll Gott in seiner Königsherrschaft unmittelbar dienen. Der Auftrag fordert von Israel die volle Hingabe an den Willen Gottes; es muß sich als Gesamtheit in der Geschichte als „*ein heiliges Volk*" (Ex 19,6) bewähren. Es soll die uneingeschränkte Herrschaft des einen Gottes in dem verheißenen Land, das Gott ihm gibt (Ex 3,8), leben (Lev 11,44; 19,2.37; 20,7f.26). In dem Land des Gottes Israels (I Sam 26,19; Jer 2,7; Jes 14,2; Hos 9,3) sind die Israeliten „*Gäste und Beisassen*" des Gottes Israels (Lev 25,23).

Von der Gabe des Landes dürfen die Israeliten leben. Zugleich ist auch sie ihnen zur Aufgabe gesetzt: Hier darf keiner den anderen durch Besitzrecht verdrängen und ausbeuten (Lev 25,2–7; Ex 23,10f; Dtn 15,1–11). Gott bindet die Gabe des Landes in seine Beziehung mit Israel ein: „*Wahret all das Gebot, das ich heuttags dir gebiete, damit ihr … ererbet das Land*" (Dtn 11,8f). Gott will für Israel, daß „*es dir gut ergehe und du kommest und ererbest das gute Land, das Adonaj deinen Vätern zuschwor*", aber er verlangt zugleich von ihm die gehorsame Antwort: „*Tun sollst du das in Adonajs Augen Gerade und Gute*" (Dtn 6,18). Eindringlich wird Israel auf diesen Zusammenhang aufmerksam gemacht (Dtn 8,1; 11,8f.18–21; 16,20; 19,8f;

28,11–14). Für den Fall, daß es seine Entscheidungsfreiheit mißbrauchen sollte, wird ihm angekündigt: *„Wendet sich aber dein Herz, hörst du nicht ... – ich melde euch heuttags, daß ihr dann schwinden, schwinden müßt“* (Dtn 30,17f), *„rasch vom Land weg“* (Dtn 4,26). Als die mit Gott verbundene Menschengemeinschaft (Ex 3,7.10) soll das Volk Israel eine Segensmacht für die anderen Völker werden (Gen 12,2).

b) Selbstkritische Toratreue

Die rabbinischen Vorstellungen vom Volk Gottes stützen sich auf die biblische Grundlage. Eine Auslegung läßt Gott selbst Israels Bestimmung, *„aus allen Völkern ... ein Sondergut“* zu sein, erläutern: *„Ihr sollt für mich Erworbene sein und solche, die sich mit der Tora beschäftigen. Nicht sollt ihr euch mit anderen Dingen* (aus den Lehren der Völker) *beschäftigen. Wie das Eigentum eines Menschen dir* (d. h. ihm) *teuer ist, so sollt ihr mir teuer sein.“*[16] Die Verpflichtung des Eigentumsvolkes gegenüber Gott veranschaulicht ein Bildwort: *„Wie die Biene alles, was sie sammelt, für ihren Besitzer sammelt, so sammeln die Israeliten alles, was sie an Gebotserfüllungen und guten Werken sammeln, für ihren Vater im Himmel.“*[17] Scharf formulierten die Lehrer des Judentums Israels geschichtliche Bedeutung: *„Gott sprach zu den Israeliten: Wann heißt ihr meine Kinder? Wenn ihr meine Worte annehmt.“* Einprägsam führt ein Gleichnis diese Bedingung aus: Zu einem König sprach sein Sohn: *„Zeichne mich im Lande aus, daß ich dein Sohn bin! Wenn du willst, sprach sein Vater zu ihm, daß alle wissen sollen, daß du mein Sohn bist, so ziehe meinen Purpurmantel an und setze meine Krone auf dein Haupt, so werden alle erkennen, daß du mein Sohn bist. So sprach auch Gott zu den Israeliten: Wollt ihr, daß ihr als meine Kinder bezeichnet werdet, so beschäftigt euch mit der Tora und mit den Geboten; und alle werden sehen, daß ihr meine Kinder seid. Wann seid ihr meine Kinder? Wenn ihr meine Worte annehmt.“*[18] Israels Erwählung zum

Volk Gottes eröffnet den Weltvölkern die Möglichkeit, sich Gott zuzuwenden.

Ernst beurteilten die Weisen jedes Versagen der Gesamtheit Israels und der einzelnen. Bereits mit der Gabe der Tora hatte es begonnen; denn Gott mußte Israel *„den Berg wie einen Kübel“* überstülpen und zur Entscheidung zwingen: *„Wollt ihr die Tora empfangen, so ist es gut, wenn aber nicht, so ist hier euer Grab.“*[19] Nach der Annahme riß die Kette der Vergehen nicht ab. Kritisch führten die Lehrer dem Volk die eigene Geschichte vor: *„Einer von ihnen sagt: Neunundzwanzig Tage waren die Israeliten treu gesinnt, der andere sagt: nur elf Tage …* (wieder ein anderer) *sagt: Sie waren nur einen Tag treu gesinnt.“*[20] Die Rabbinen breiteten Israels Untüchtigkeit aus und schufen dadurch zugleich das strenge Ethos des Judentums: *„‘Was klagt bei seinem Leben der Mensch?‘* (Thr 3,39) *Ist es nicht genug, daß er lebt? R. Levi* (um 300) *sagte: Gott sprach: Dein Leben ist doch in meiner Hand, du lebst und du klagst? R. Berechja* (um 340) *erklärte den Vers auf diese Weise: Was klagt der Mensch über den Ewiglebenden? Will er klagen, so klage er über seine Sünden.“*[21]

c) Mose – Lehrer und Vorbild

Schon die Tora (Pentateuch) entschärfte die Einzigartigkeit der unmittelbaren Gottesbegegnung des Mose (vgl. Ex 33,11 mit Dtn 5,4): Er vermittelte zwischen Gott und Israel und sollte doch nicht als „Mittler“ Würde erlangen, sondern nur als Vertreter des Volkes vor Gott angesehen werden, zu dem er gehörte. Auch durfte er das Volk, das er in Gottes Auftrag aus Ägypten herausgeführt hatte (I Sam 12,8), nicht in das verheißene Land hineinführen (Dtn 4,21; 34,4). Er mußte sich zum Sterben bereiten und einen Nachfolger einsetzen (Num 27,12ff; Dtn 32,48ff). Der Bericht von seinem Tod und Begräbnis (Dtn 34,5–8) entzog für alle Zeit einer Verehrung des Mose den Boden.

Auch die talmudischen Gelehrten verwarfen jede Ausdeutung vom Sterben des Mose, die zu seiner Erhöhung hätte führen können: *„Nie ist Gott nach unten hinabgestiegen und sind Mose und Elia hinaufgestiegen."*[22] Die Tora läßt zwei Aspekte seines Berufes gelten: Israel den Willen Gottes zu vermelden und das Volk zu lehren (Dtn 5,5.28). Ebenso erkannten die Rabbinen in Mose den Lehrer der Tora schlechthin: *„Unser Lehrer Mosche" („Mosche Rabbenu").*[23] Aber in der verbindlichen Überlieferung (Mischna) fehlt diese Bezeichnung. Jeder Anlaß sollte vermieden werden, die Bedeutung des Mose für das jüdische Volk in einem besonderen Glanz erscheinen zu lassen. Seine einzige Auszeichnung sollte in seiner *Demut* bestehen (Num 12,3) – als ein Vorbild für alle Juden, ihm nachzueifern.[24]

4. Die Völker der Erde

a) Der eine Ursprung aller Völker

Nach der biblischen Erzählung schuf Gott die Menschheit ungeteilt (Gen 1,26ff). Aber die Gewalttaten der einen an den anderen füllten die Erde (Gen 6,11) und forderten Gottes strafendes Handeln heraus (Gen 6,5–8,22). Gott setzte eine zweite Menschheit ein (Gen 9). Doch sie hielt nur zusammen, um sich gegen Gott aufzulehnen (Gen 11). Sie wollte die Zerstreuung abwehren (Gen 11,4) und rief sie durch ihr frevelhaftes Tun erst hervor (Gen 11,8f). Gott zerspaltete die einheitliche Sprache der Menschen in die vielen Sprachen und damit die Menschheit in die vielen Völker (Gen 11,1.6.7.9). Die Menschheit hatte den Ruhmesnamen für ihre Stadt erstrebt; Babel, *„Gemenge"*, wurde der unvollendete Bau genannt (Gen 11,4.9). Der Macht Gottes hält auch die menschliche Machtkonzentration nicht stand. Diese Erzählung vom Aufruhr der Menschen und der Niederfahrt Gottes (Gen 11,7) zeigt, wie aus der schöpfungsgemäßen einen Menschheit die vielfältige Völkerwelt mit ihrem Widerstreit hervorgegangen ist. Sie verdeutlicht Israel, daß alle Völker ihren Ursprung in dem einen Gott haben und ganz und gar in seiner Hand sind.

b) Israel – Gottes Werkzeug für die Völker

Von dieser Erzählung im ersten Kanonteil spannt sich ein Bogen zum zweiten Kanonteil. Die Propheten durchschauten die Wege der Völker: Nach Amos sind alle Götter, wie auch immer ein Volk seinen geschichtlichen Befreier-Gott nennt, in Wahrheit doch nur einer. Sein Name ist Israel anvertraut (Am 9,7). In seinem Auftrag verkündigte der Exilsprophet, daß er in Zukunft die unterdrückten Völker befreien werde (Jes 45,18ff). Sie alle, *„die vom Sonnenaufgang und die vom Abend“*, sollen ihn als den wahren einen Herrn der Weltgeschichte erkennen (Jes 45,6.21f), der Schöpfung und Erlösung (Jes 43,1) und Israels und der Völker Erlösung miteinander verbindet (Jes 43,1ff; 42,7; 49,9.12). Gerechtigkeit wird von dem *„gerechten Gott“* für die Völker ausgehen (Jes 45,21); denn Gottes *„Heil werde bis an den Rand des Erdreiches“* (Jes 49,6) sich erstrecken. Israels Tröstung (Jes 40,1) wird schließlich zur Tröstung für alle Völker (Jes 25,7f). Was an Israel geschieht, bildet die Voraussetzung für das, was allen Völkern geschehen soll; denn Israel ist als der *„Knecht“* Gottes (Jes 41,8f) das Werkzeug für Gottes Plan mit den Völkern (Jes 45,20). Die Erwählung Israels aus den Völkern wird nun erkennbar als die Erwählung des Volkes Gottes für die Völker. An sie weist der Auftrag den Gottesknecht: *„Den Weltvölkern gebe ich dich zum Licht“* (Jes 49,6). Für sie wird er zum Mittler des Bundesgottes mit der Menschheit (Jes 49,8; 42,6). Er muß ihre neue Ordnung, in der sich Gottes Gerechtigkeit verwirklichen will, einsetzen (Jes 42,4). Die Erlösung des Gottesvolkes ist eine Stufe in Gottes erlösendem Handeln an allen Völkern (Jes 2,2; Mi 4,1).

c) Die Verpflichtung für Noachs Nachkommen

Die Rabbinen knüpften an diese biblische Sicht von den Weltvölkern an und differenzierten sie. Nach dem biblischen Befund steht der Bund, den Gott durch Noach mit der ganzen Menschheit gestiftet hat (Gen 9,8ff), vor dem Bund, den Gott mit Abram und durch ihn mit seinen Nachkommen schloß (Gen 15,18ff). Obwohl er die blutigen Verfolgungen seines Volkes durch die Weltvölker am eigenen Leibe erlitt, stellte R. Akiba die Gleichheit aller Menschen vor Gott fest: *„Ein Liebling* (Gottes) *ist der Mensch … Lieblinge* (Gottes) *sind die Israeliten …"* Die Nachkommen Noachs und Abrahams sind beide Kinder desselben Schöpfers. Was sie unterscheidet, ist kein verschiedener Wert, sondern die Berufung der Israeliten, Gottes Zeugen unter den Völkern zu sein (Jes 42,1ff.6; 49,6). Im Blick auf ihre Erwählung sagte R. Akiba von den Israeliten: *„Sie sind Kinder Gottes genannt worden …"* (Dtn 14,1), weil Gott ihnen seine Tora gegeben hat (Prov 4,2). Die nichtjüdischen Völker aber zeichnet aus, was für jeden Menschen gilt: *„Er ist im Bilde geschaffen …"* (Gen 9,6).[25] Die Erschaffung in Gottes Ebenbild verpflichtet Noachs Nachkommen, sich von unmenschlichem, unsittlichem Tun fernzuhalten. Die Rabbinen legten Gen 9,1–7 so aus: *„Sieben Gesetze wurden den Noachiden auferlegt: Die Rechtspflege* (und die Verbote der) *Gotteslästerung, des Götzendienstes, der Unzucht, des Blutvergießens, des Raubes und* (des Genusses) *eines Gliedes von einem lebenden Tier."*[26]

Ben Assai (um 110) vertrat die Ansicht, daß die Lehre von der gemeinsamen Abstammung des Menschengeschlechts in Gen 5,1 von höherem Gewicht sei als das Toragebot von der Nächstenliebe: *„Das ist ein größerer allgemeiner Grundsatz als jener."*[27] Entsprechend preist das betende Judentum seit früher Zeit im täglichen Morgengebet Gott, der *„gütig ist gegen alle, und sein Erbarmen erstreckt sich über alle seine Werke"* (Ps 145,9). Hier wendet sich der Blick vom Herausholer aus Ägypten und Erwähler seines Sonderguts ab und richtet sich auf den Schöpfer Himmels und der Erde und auf den Herrn über alle Völker.

d) *„Die Gerechten der Völker"*

Die Gelehrten beschränkten die Vorschriften in der Tora gegen Götzendiener auf die kanaanäischen Völker im heiligen Land der Vergangenheit: *„Die Fremden im Ausland sind keine Götzendiener, sondern sie halten nur am Brauch ihrer Väter fest."*[28] Der bedeutende Mischna-Lehrer *R. Jehoschua b. Chananja* (1. Jh.) unterbreitete der höchsten politischen und religiösen Körperschaft des jüdischen Volkes, dem Sanhedrin, seine Ethik des friedlichen Zusammenlebens von Angehörigen verschiedener Völker. Daraufhin erklärte dieser die diskriminierenden Bestimmungen für unwirksam, mit denen das biblische Israel auf das Verhalten der Ammoniter, Moabiter, Edomiter und Ägypter ihm gegenüber reagiert hatte (Dtn 23,4.8f). R. Jehoschua trat auch versöhnungsbereit allen exklusiven Erwartungen entgegen, die das Heil auf Israel begrenzen wollten: *„Ganz Israel hat Anteil an der kommenden Welt."* Sein Ausspruch: *„Die Gerechten der Völker haben Anteil an der kommenden Welt"* spiegelt seine universale Vorstellung vom Frieden unter den Völkern; sie gewann das Übergewicht in der Tradition.[29] Die mehrheitliche rabbinische Entscheidung entkrampfte das Verhältnis zwischen dem jüdischen Volk und den Weltvölkern. Sie werden nach der Überlieferung des Judentums nicht nach ihrer ethnischen und religiösen Zugehörigkeit beurteilt, sondern daran gemessen, ob sie die *„sieben noachidischen Gebote"* für das menschliche Zusammenleben als Gebote Gottes befolgen.

e) Die universale Geltung der Ethik

Die Rabbinen lehrten die unterschiedslose Geltung der ethischen Forderungen und Vorschriften der Tora für Juden und für Nichtjuden: *„Die Tora ist in der Wüste offenbart worden* *zwischen Feuer und Wasser – wie diese allen Bewohnern der Erde gleich gehören, so ist auch jene allen Bewohnern der Erde gegeben.“*[30] Alle Menschen seien als Geschöpfe Gottes befähigt und berufen, das Gute zu verwirklichen und dadurch Gottes Herrschaft in der Welt zu befestigen. Des Schöpfers „Ja“ zu allen Menschen würde verkennen, wer annähme, die von Juden geübte Gerechtigkeit, Wahrheit und Liebe stünden bei Gott in größerem Ansehen als die von Nichtjuden: *„Warum liebt er die Gerechten? Weil ihre Tugend nichts Ererbtes ist … Will aber jemand ein Gerechter werden, so kann er, selbst wenn er ein Nichtjude ist, ein Gerechter werden; denn die Gerechten kommen nicht von einem bestimmten Volk her, sondern sie haben durch sich selbst diesen Vorzug erworben.“*[31] Diese umgreifende rabbinische Auslegung sammelte die Aussagen der Tora vom gemeinsamen Ursprung der Menschheit (Gen 1,26ff), von der Verwandtschaft aller Völker (Gen 10) sowie vom noachidischen Grundgesetz (Gen 9,1–7). Sie überwandt in der Überlieferung des Judentums die beschränkende Entgegensetzung von Binnen- und Außenmoral. Ihren letzten verpflichtenden Ausdruck fand diese universale Konzeption in dem Gesetzeskodex des Maimonides: Als geltendes Recht bindet sie jedes jüdische Staatswesen, auch ein nicht religiös ausgerichtetes; als Teil seiner Staatslehre setzt sie dem jüdischen Volk als Ziel das friedliche Verhältnis zu den anderen Völkern: *„Die Frommen der Völker haben Anteil an der kommenden Welt.“*[32]

5. Die einheitliche Menschheit

a) Ausbreitung der Gottesherrschaft

Die Stellung des Volkes des Gottes Israel unter den Völkern der Erde begründete Israels Verschiedenheit und seine Eigenart (Dtn 7,6.13; I Reg 8,53). Das Gegenseitigkeitsverhältnis zwischen Gott und dem Volk seiner Erwählung begründete die trennende Grenze zu den Völkern (Dtn 7,3f). Das rabbinische Zivilisationsmodell verschärfte das jüdische Sonderdasein durch den „*Zaun um die Tora*“[33]: Sein spezifischer Lebensweg sollte das jüdische Volk von der Lebensweise der Nachbarvölker scheiden und dadurch zu seinem Dienst um der Zukunft der Menschheit willen befähigen. Denn die Erwählung hat nicht das Judentum zum Ziel, sondern die Ausbreitung der Gottesherrschaft: „*Wer sich seiner Mitmenschen erbarmt, ist sicher von den Kindern unseres Vaters Abraham; und wer sich seiner Mitmenschen nicht erbarmt, ist sicher nicht von den Kindern unseres Vaters Abraham.*“[34]

Das Judentum erhebt keinen Anspruch, ausschließlich das Heil zu besitzen. Es drängt die Angehörigen anderer Völker und anderer Religionen nicht auf den jüdischen Lebensweg, damit sie das Heil erlangen. Die Halacha bindet Juden, legt aber Nichtjuden keine Verpflichtung auf. Aber Juden soll der partikulare Lebensweg dazu helfen, der Wirklichkeit der erwählten menschlichen Gemeinschaft näher zu kommen und dadurch die unerlöste Welt zu beeinflussen. Die Geschichte des jüdischen Volkes findet ihr letztes Ziel in dem Gottesbund, der alle Menschen umschließt. Die rabbinische Auslegung zum Schma Jisrael führt aus, daß der Huldigungsruf „*unser Gott*“, der jetzt aus dem Munde betender Juden ertönt, auf jene Zukunft weise, in der alle Menschen den einzigen Gott anerkennen und verehren würden: „*Adonaj wird König sein über die ganze Erde. An jenem Tag wird Adonaj der Einzige sein und sein Name der einzige*“ (Sach 14,9). Daher widerspreche der Partikularismus des Judentums auch im Bekenntnis „*Adonaj, unser Gott*“ nicht dem Universalismus des „*Adonaj ist einzig*“.[35]

b) Jüdischer Partikularismus und messianischer Universalismus

Die jüdische Gebetstradition ist offen für die Menschheit. Sie leitet den einzelnen, über die Grenzen der eigenen Gemeinschaft hinweg zu den Völkern und den anderen Menschen in der Welt zu sehen. Sie besteht darauf, daß jede

Lobpreisung dem Gottesnamen, den das Judentum ehrfürchtig umschreibt, die Bezeichnung *„König der Welt"* hinzufüge. Die erste Bitte des Hauptgebets *(Achtzehngebet/ Schmone Esre)* gilt dem von Gott geschaffenen Menschen, nicht dem Juden: *„Du begnadest den Menschen mit Erkenntnis und lehrst den Sterblichen Einsicht."* Auch das freiwillige Bittgebet des einzelnen nach dem Schmone Esre bezieht sich auf den Mitmenschen, unabhängig von seiner Volks- und Religionszugehörigkeit: *„Denen gegenüber, die mir fluchen, schweige meine Seele, und meine Seele sei wie Staub allem gegenüber."*[36] Das *Kaddischgebet* als Teil der täglichen synagogalen Liturgie ist fest auf das Ziel gerichtet, dessentwegen die Welt erschaffen wurde: die Heiligung des göttlichen Namens und die Errichtung der Herrschaft Gottes auf Erden: *„Erhoben und geheiligt werde sein großer Name in der Welt, die er nach seinem Willen geschaffen hat. Er gründe sein Reich bei eurem Leben und in euren Tagen und beim Leben des ganzen Hauses Israel, bald und in naher Zeit!"*

Auf das *Reich Gottes* blickt auch ein anderes bedeutsames Stück des jüdischen Gottesdienstes, das *Alejnu-Gebet:* Schon jetzt leuchtet Gottes Herrschaft in der Welt im Lobpreis des jüdischen Volkes auf, das Gott aus allen Völkern zu seinem Dienst ausgesondert hat. Zunächst geht es um Israels Verhältnis zum Reich Gottes und um seine Unterscheidung von den Weltvölkern: *„An uns ist es* (hebräisch: *Alejnu), zu preisen den Herrn des Alls, Größe zu geben dem Bildner im Anfang, daß er uns nicht gemacht hat gleich den Völkern der Länder und uns nicht gesetzt hat gleich den Sippen des Erdbodens ... Wir beugen uns, werfen uns hin und bekennen uns dankbar vor dem König aller Könige, dem Heiligen, gesegnet sei er ... Er ist unser Gott, keiner sonst".* Danach wendet sich das hymnische Gebet der Beziehung zwischen allen Erdbewohnern und Gottes Weltherrschaft zu, die die einheitliche Menschheit hervorbringt: *„Darum hoffen wir auf dich, Adonaj, unser Gott, um bald die Herrlichkeit deiner Macht zu sehen, daß die Götzen von der Erde verschwinden und die Abgötter ausgerottet werden, um* *die Welt zu verbessern für das Reich des Allmächtigen und daß alle Sterblichen deinen Namen rufen ... Auf sich nehmen werden sie alle das Joch deines Reiches, und du wirst über sie herrschen, bald, für immer und ewig. Gewiß, das Reich ist dein, und immer und ewig wirst du herrschen in Herrlichkeit".*

Hier wird noch einmal deutlich, daß die Eigentümlichkeit der Erwählung Israels keine Exklusivität des Heils bedeutet, vielmehr Aufgabe an der einheitlichen Menschheit. Die jüdische Gemeinschaft hält im Lernen, Beten und Tun die Hoffnung wach, daß die Welt durch das Reich Gottes vollendet und alle Menschen in der Annahme der Gottesherrschaft vereinigt werden. Beide Blickrichtungen des Alejnu-Gebets flektieren den Zusammenhang, den der jüdische Lebensweg und sein Ziel darstellen: Der jüdische Partikularismus ist innigst mit seinem messianischen Universalismus verbunden; und der Weg zur Einheit der Menschheit beginnt mit Israels Erwählung.

c) Messianische Erlösung

Die Antwort des rabbinisch-talmudischen Judentums auf den Krieg zwischen den Völkern, auf die Unterdrückung des jüdischen Volkes seitens der anderen Völker, auf die Gewalt im sozialen und auf das Leid im individuellen Leben war die *messianische Idee der Erlösung:* Sie wird mit der endgültigen Gottesherrschaft in die Weltzeit einbrechen und eine neue Ordnung der Gerechtigkeit und des Friedens in den Beziehungen der Völker, in der Gesellschaft und im Leben der einzelnen schaffen und den Schmerz jedes Geschöpfes stillen. Die Rabbinen reagierten damit auch auf den Mangel an Gotteserkenntnis in der Welt und im jüdischen Volk sowie auf die Macht des Bösen über die Menschheit. Die Bedeutung ihrer messianischen Vorstellung liegt darin, daß es ihr gelang, gegensätzliche Auffassungen zu vereinigen. Sie begegnen bereits in der messianischen Botschaft der Propheten, jedoch ineinander verschlungen: Dort ist die utopische Vision von einer Erde voll der Erkenntnis Gottes (Jes 11,9; Hab 2,14; Jer 31,34) mit restaurativen Hoffnungen durchdrungen, daß Israel wiederhergestellt werde und das davidische Reich als ein Reich Gottes auf Erden erscheine (vgl. Mi 4,4 mit I Reg 5,5).

Die Erlösungserwartung gehört zu jeder Zeit zur Wirklichkeit des jüdischen Volkes. Aber nicht immer herrscht das Bemühen vor, die beiden Gegensätze in der messianischen Vorstellung zu integrieren, das die Weisen der talmudischen Zeit auszeichnete. Vielmehr durchzieht die jüdische Geschichte ein ständiges Ringen, das einmal die utopische, ein andermal die restaurative messianische Formung hervorhebt. In der Periode des Zweiten Tempels stimmten die Zeloten mit den Pharisäern darin völlig überein, der Tora ehrfürchtig folgen zu wollen; jedoch begnügten sie sich nicht, sie nur mit friedlichen Mitteln durchzusetzen, wie die Pharisäer es anstrebten.

Heute spalten die gleichen Spannungen die israelische Gesellschaft und beunruhigen die jüdische Gemeinschaft in der Diaspora. Sie äußern sich in dem messianisch-aktiven jüdischen Nationalverständnis eines Israel-Zentrismus; ihn vertritt der zionistisch-revisionistische Likud, der einer orthodoxen Minderheit in der israelischen Gesellschaft und in regen orthodox-chassidischen Gruppen in den USA einen starken Einfluß auf die israelische Politik zugesteht. Der Groß-Israel-Version des jüdischen Staates, für die das vereinigte Rechtsbündnis kämpft, stehen die messianisch-konstruktiven Bemühungen einzelner und politisch linker Gruppen in der israelischen Gesellschaft entgegen; in universalistischer Ausrichtung verzichten sie auf den israelischen Alleinanspruch auf das Land und erstreben, daß die beiden Völker gleichberechtigt und friedlich nebeneinander in Israel und in Palästina leben.

VII. Gott – Welt – Mensch

1. Die unaufhörliche Schöpfung

Gottes Schaffen bereitet den Grund für alles Lebendige, lobte das biblische Israel (Gen 1,4.25.31; Ps 100,5; 135,3; 136,1). Die Gemeinschaft, wie jeder einzelne in ihr, steht nicht einem Sein gegenüber, sondern findet sich inmitten der „*Welt*" und der „*Natur*" in einem Geschehen vor. Der Mensch erfährt es als geheimnisvolles, aber wunderbar tragendes Handeln Gottes (Ps 139) und als die Beziehung alles Geschaffenen zu „*dem Schöpfer des Himmels und der Erde*" (Ps 121,2). Die biblische Bezeugung, daß Schöpfer und Geschöpfe zueinandergehören, wurde ein Grundsatz des Judentums: Gott „*schafft* (und) *er versorgt, er hat geschaffen, und er trägt* (die Welt)."[1] Er erhält die Welt gleichsam durch eine unaufhörliche Schöpfung, wie der betende Jude am Morgen Gott preist, der „*in seiner Güte an jedem Tag stets das Werk der Schöpfung erneuert*"[2]. Er begegnet auch voller Fürsorge dem einzelnen: „*Der Heilige, gesegnet sei er, sprach zu Hiob: Auch dem Haar auf dir habe ich eine Quelle gemacht und ihm ein Maß gegeben.*"[3]

Unaufhörlich wächst die Frucht des Segens, nahm Israel staunend wahr (Gen 1,22.28; 5,1f; 9,1; Dtn 7,13). Aber es begriff auch, daß der Mensch nicht nur abwartend die ihm entgegenwachsenden Früchte des Segens annehmen und genießen darf. Es erkannte in dem Wert, den der Schöpfer dem menschlichen Dasein verliehen hat (Gen 1,26–28; 5,1f), die Aufgabe für den Menschen (Ps 115,15f), Gottes Schöpfung liebend zu erhalten, liebend zu bauen, liebend zu fördern (Gen 2,15). Die jüdischen Weisen trauen es dem Menschen zu, daß sein Handeln dem des Schöpfers ähnlich wird, damit in der menschlichen Tat sich Gottes Schöpferwerk erfüllen kann. In seiner Beziehung zum Mitmenschen und im Verhältnis zu seiner Umwelt muß er den Taten Gottes nur nacheifern, *„ihm gleichen“* und ihm *„folgen“*.[4]

Israel sah in der Fülle der natürlichen Erscheinungen von Gott ausgehende Gestalten; sie bilden bei aller Mannigfaltigkeit doch ein einheitliches Ganzes (Ps 8,4; 19,2). Die einzelnen Werke des Schöpfers sind nicht nur in ihrem je besonderen Zustand *„gut“*, sondern auch darin, wie sie aufeinander wirken (Gen 1,31). Gott hat jedes Teil der Schöpfung in Übereinstimmung mit dem anderen geschaffen: *„Alles in der Schöpfung war für seinen Zweck geeignet und dauernd imstande, entsprechend tätig zu sein“*, umschrieb Maimonides das abschließende Urteil des Schöpfers.[5]

2. Der Mensch, seine Würde und seine Verantwortung

a) Des Menschen Einmaligkeit und Aufgabe

Die biblische und die sie auslegende rabbinische Tradition denkt über den Menschen von Gott her nach. Die Wortwiederholungen in der biblischen Sprache: *„Gott schuf den Menschen in seinem Bilde, im Bilde Gottes schuf er ihn, männlich, weiblich schuf er sie“* (Gen 1,27) heben hervor, daß der Mensch seine Würde und seinen Wert nicht in sich selbst trägt, auch Sinn und Ziel seinem Leben nicht selbst setzt, sondern sein Dasein, seine Einmaligkeit und seine Aufgabe von Gott erhält. Die rabbinische Interpretation vertiefte die biblische Aussage: Der Mensch gewinnt sein Leben aus der Gottesbeziehung: *„Ein Liebling* (Gottes) *ist der Mensch, denn er ist im Bild geschaffen.“* Der Mensch empfängt das Bewußtsein seines Ursprungs, seiner Freiheit, Würde und unverwechselbaren Individualität allein von Gott: *„Eine besondere Liebe ist ihm kundgetan worden, daß er im Bild erschaffen sei.“*[6] Der Mensch kann nicht *„wie Gott sein“* (Gen 3,5); aber seine Gotteserkenntnis soll mit seinem Leben zusammenwirken, Gott zu seiner Lebensaufgabe werden: „*Im Bild allein und nicht auch nach dem Gleichnis, weil das Gleichnis in der Hand des Menschen ist.*“[7]

Diese aggadische Deutung lehrt, daß der Mensch das Bild, in dem er erschaffen ist, entfalten und so Gott nachahmen, sich dem Handeln seines Schöpfers „*angleichen*“ soll. Der Mensch kann Gott, wenn er nur will, zwar unzulänglich, wohl aber mit seiner ganzen Kraft nachfolgen (Dtn 13,5): „*Ist es denn einem Menschen möglich, Gott zu folgen ...? Vielmehr* (lehrt dies), *daß man den Handlungen des Heiligen, gesegnet sei er, folge. Wie er die Nackten kleidet ...* (Gen 3,21), *so kleide auch du die Nackten. Wie der Heilige, gesegnet sei er, Kranke besucht ...* (Gen 18,1), *so besuche auch du die Kranken. Wie der Heilige, gesegnet sei er, Trauernde tröstet ...* (Gen 25,11), *so tröste auch du die Trauernden. Wie der Heilige, gesegnet sei er, Tote begräbt ...* (Dtn 34,6), *so begrabe auch du die Toten.*“[8]

b) Bindeglied zwischen Gott und Mensch

Die Lehrer des Judentums waren von der Einsicht durchdrungen, daß dem Menschen zugleich mit der Aufgabe auch die Befähigung gegeben worden ist, dem göttlichen Tun im menschlichen das Gefäß bereitzustellen. Nicht die herausragende Tat, sondern *alles* Tun soll zum Bindeglied zwischen Gott und Mensch dadurch werden, daß sich in ihm der Wille Gottes auswirkt. Maimonides kommentierte: „*Unsere Weisen haben das Gebot, in Gottes Wegen zu wandeln, also erklärt: So wie Gott gütig genannt wird, so werde auch du gütig, wie Gott barmherzig ist, so werde auch du barmherzig, wie Gott heilig ist, so werde auch du heilig. In diesem Sinn haben die Propheten Gott langmütig, huldvoll, gerecht genannt – um erkennen zu lassen, daß dieses die guten und geraden Wege sind, auf denen der Mensch wandeln soll, um damit Gott nach Kräften ähnlich zu werden.*“[9]

Der Schöpfer „*hat jeden Menschen mit dem Stempel des ersten Menschen ausgeprägt, und doch ist nicht einer dem an-*

deren gleich", erläuterten die Rabbinen die unvergleichliche Würde des Menschen (Gen 1,26f), um unmittelbar daraus die Verpflichtung abzuleiten, er sei mit seinem Tun verantwortlich für die ganze Welt: *„Daher ist auch jeder einzelne verpflichtet zu sagen: Meinetwegen ist die Welt erschaffen worden."* Denn vom Leben des einen hängt das Leben anderer ab. Entsprechend schwer wiegt die Verantwortung jedes einzelnen: *„Deshalb ist nur ein einziger Mensch erschaffen worden, um dich zu lehren, daß man* (Gott) *es jedem, der eine Seele* (ein Menschenleben) *vernichtet, so anrechnet, als hätte er eine ganze Welt vernichtet, und daß man es jedem, der eine Seele erhält, so anrechnet, als hätte er eine ganze Welt erhalten."*[10]

c) Die Bedeutung des einzelnen für die Welt

Nach dieser im talmudischen Schrifttum weiter ausgeführten Vorstellung liegt es bei dem einzelnen Menschen, ob die Welt zugrunde gehe oder aber gerettet werde. Seine persönliche Entscheidung mag mit einem bedeutungsvollen Augenblick der Weltgeschichte zusammenfallen und so für das Ganze wirksam werden: *„Die Welt wird nach der Mehrheit* (der Tat) *gerichtet, und auch der einzelne wird nach der Mehrheit* (der Tat) *gerichtet! Glück ihm, wenn er ein Gebot ausgeübt hat, denn er hat für sich und für die ganze Welt die Waagschale der Verdienste zum Überwiegen gebracht; wehe ihm, wenn er eine Sünde begangen hat, denn er hat für sich und die ganze Welt die Waagschale der Schuld zum Überwiegen gebracht."*[11] Diese Verantwortungslehre hat das Judentum geprägt. Aber auch wenn sie die Tat und den Anteil des Menschen gewichtet, versteht sie beide ihrem Ursprung nach nur als Erfüllung des Auftrags, als Pflichttat (Mizwa). Der Mensch begegnet in seiner Nachfolge Gott selbst und hofft, daß er sich seiner Bemühung, Gottes Willen zu verwirklichen, nicht versagen werde. Doch ohne die menschliche Nachfolge fehlt die Verbundenheit mit Gott; wenn sich Gottes Handeln nicht im menschlichen Tun auswirken kann, wird die Lebensordnung zerstört: „*Wer sich seiner Mitmenschen erbarmt, dessen erbarmt man sich im Himmel; und wer sich seiner Mitmenschen nicht erbarmt, dessen erbarmt man sich auch nicht im Himmel.*“[12] Der Mensch kann tun, was er tun soll: „*Stets lerne der Mensch von der Handlungsweise seines Schöpfers.*“[13]

d) Die Triebfeder allen Tuns

Der jüdische Mensch setzt auf die Kraft der Gebote. Er vertraut dem, der nicht nur auferlegt, sondern auch zuspricht (Lev 20,8). Damit er mit seinem Tun den Willen Gottes erfüllt, richtet er sein Herz auf den Gebietenden: „*Gesegnet seist du, Adonaj, unser Gott, König der Welt, der uns geheiligt hat durch seine Gebote und uns geboten hat …*“[14] Der Weisung Gottes entspricht nicht die Masse der Handlungen, sondern, daß der Mensch in und an ihnen sein Herz auf Gott richten lernt. Ebenso leiteten die Weisen aus keiner frommen Tat einen Anspruch auf Gottes Zuwendung ab: „*Seid nicht wie Knechte, die dem Herrn dienen in der Absicht, Lohn zu empfangen, sondern wie Knechte, die dem Herrn dienen ohne die Absicht, Lohn zu empfangen, und es sei Ehrfurcht vor Gott über euch.*“[15] Dieser Ausspruch des *Antigonos* aus der judäischen Stadt Socho um 200 v. Chr. enthält die pharisäische Grundlehre: Der Mensch soll sich bei der Erfüllung des Willens Gottes nicht von der Rücksicht auf Verdienst und nicht von der Furcht vor Strafe, sondern allein von der Liebe bewegen lassen: „*Was ihr tut, tut es nur aus Liebe; das erst heißt Gott lieben.*“[16]

e) Die freie Entscheidung des Menschen

Die Hebräische Bibel traut dem Menschen die Fähigkeit zu, das Gute, das Gott will, auch zu wählen (Dtn 30,15.19). Die Rabbinen erkannten die Freiheit des Menschen als seine Verantwortung. Der Hauptbeleg stammt von R. Akiba: „*Alles ist* (von Gott) *vorhergesehen, aber die freie Wahl* (die

Vollmacht zur Selbstentscheidung) *ist* (dem Menschen) *gegeben.“*[17] Zwar kann der Mensch den Abstand, der ihn von Gott trennt, nicht aufheben; aber ihm ist die Annäherung geboten. Die Tora bleibt dabei der Wegweiser; doch der Mensch muß sich mit seiner Vernunft frei entscheiden, seinen Willen im Willen Gottes zu begründen. Die Weisen verdeutlichten dies am Ringen zweier entgegengesetzter „*Triebe*“. Ihrem Einfluß ist der Mensch ausgesetzt, jedoch nicht hilflos ausgeliefert. Der Mensch kann in eigener Verantwortung darüber entscheiden, welchem von beiden „*Trieben*“ er jeweils folgen will: *„Wenn du sagen wolltest, der böse Trieb sei nicht in deiner Gewalt, so sagt die Schrift lehrend: ‚Er ist dir anvertraut‘* (so zu Jes 26,3). *Ferner habe ich dir längst in der Tora geschrieben* (Gen 4,7)*: ‚Doch du kannst über sie* (die Sünde) *herrschen.‘“*[18]

Dem Menschen ist die Macht zuteil geworden, selbst darüber zu befinden, ob er auf seinen Schöpfer zu oder von ihm weg, gegen ihn handeln will. Gott hindert den Menschen nicht, Böses zu tun; es ist der Mensch selbst, der mit seinem Tun und Lassen auf den Anspruch Gottes antwortet. Die Rabbinen wurden freilich nicht müde zu betonen, daß der Mensch seine Freiheit recht nur in Verantwortung gebrauchen kann: *„Alles wird auf Pfand gegeben, und ein Netz ist ausgebreitet.“*[19] Dem Gott eifrig Suchenden wollten sie zu der nüchternen Einsicht verhelfen, daß der Mensch niemals fertig, vollendet und vollkommen sein wird, wohl aber die Spannung zu ertragen lernen muß: *„Es ist dir nicht gegeben, die Arbeit zu vollenden, und du bist nicht befugt, dich ihr zu entziehen.“*[20]

Die Überlieferung des Judentums bestreitet nicht, daß der Mensch zur Sünde neigt (Ps 51,7; Gen 6,5; 8,21), und erst recht nicht, daß er zu Taten der Sünde fähig ist. Aber sie sieht in dem Ungehorsam des ersten Menschen (Gen 3) kein Verhängnis, das über die Menschheit gekommen sei. Für sie ist ursprünglich jede Menschenseele *„rein“*, weil sie von dem reinen Gott geschaffen wurde. Wer diese *„Reinheit“* durch die Behauptung einer *„Ursünde“* leugnet, verurteilt den menschlichen Willen zur Unfähigkeit, aus freier Wahl das Gute zu ergreifen und zu üben, das Gott von ihm fordert (Mi 6,8). Der Lobpreis des Schöpfers im Morgengebet nennt die Kraft des Menschen, die Aufgabe zu verwirklichen, die Gott seinem Geschöpf zugewiesen hat: *„Mein Gott! Die Seele, die du mir gegeben hast, rein ist sie. Du, du hast sie geschaffen. Du, du hast sie gebildet."* Diese seelische Gabe des Menschen zur guten Tat ist kein Geschenk im Sinne der Gnade Gottes, die dem Menschen zuteil wird; sie ist nicht Erfülltes, sondern Gebot, das der Mensch erfüllen soll.

3. Soziales Handeln

a) Der Schutz der Schwachen

Viele Satzungen der Tora beziehen sich auf den Umgang des Menschen mit dem Menschen. Sie wollen verhindern, daß einer den anderen auf irgendeine Weise verletzt, der Stärkere den sozial Schwächeren schädigt und daß die Gemeinschaft den auf Beistand Angewiesenen aus den Augen verliert (Dtn 15,7–11). Sie verbieten der Rechtsgemeinde eine parteiische Rechtssprechung zugunsten der wirtschaftlich und gesellschaftlich Einflußreichen und verpflichten sie, die Armen zu schützen (Ex 23,1–9; Dtn 16,18–20). Sie verteidigen die in Not Geratenen (Ex 22,21–23; Dtn 10,18) und die Fremden, die im Lande wohnen und arbeiten (Ex 22,20; 23,9.12; Dtn 10,18), vor Unterdrückung. Sie wahren die Interessen der Machtlosen im Handels- und Geschäftsverkehr (Ex 22,24–26; Dtn 24,10–13) und der Abhängigen im Arbeitsverhältnis (Dtn 24,14f). Der Grundsatz gleichen Rechts für alle Menschen in der Gesellschaft (Lev 24,22; Num 15,16) verpflichtet, dem Ausländer wie dem Einheimischen (Lev 25,35ff), auch dem persönlichen Feind, der in Not geraten ist (Ex 23,4f; Dtn 22,4), zu helfen. Mit ihren vielen Vorschriften will die Tora in der Lebenswirklichkeit dafür sorgen, daß die zwischenmenschlichen Beziehungen nicht zerbrechen (Jes 58,7; Ez 18,5–9; Hi 31,15–22.32) und auch der persönliche Feind nicht ausgegrenzt wird (Prov 25,21; Hi 31,29f).

b) Liebe zum Nächsten, zum Fremden und zum Feind

Als der Inbegriff aller Gebote ist das der Nächstenliebe in die Geschichte des jüdischen Volkes eingegangen. Es faßt nach der Auslegung von R. Akiba alle übrigen Bestimmungen in der Tora zusammen. Ausdrücklich beschränkt es die freundliche Hinwendung nicht auf den Einheimischen, sondern erstreckt sie auch auf den Fremden in der Gesellschaft (Lev 19,18.33f). Aber auch im Verhältnis zum Feind soll sich das gebotene mitmenschliche Verhalten bewähren. Die Tora dehnt die Nächstenliebe auf den Feind im unmittelbaren Kontext der Satzung aus (Lev 19,17f). Die Ausleger mahnten: *„Wer nachgiebig ist* (d. h. nicht auf seinem Willen besteht)*, bei dem geht man* (= Gott) *über alle seine Sünden hinweg."*[21] Ein Sprichwort der Weisen machte dem Volk drastisch klar, daß niemand dem persönlich erlittenen Unrecht mit Gewalt entgegentreten dürfe: *„Nennen dich deine Genossen einen Esel, so lege dir einen Sattel auf."*[22] Böses mit Bösem vergelten, das hieße: das Gebot der Nächstenliebe leugnen. *„Die gedrückt (gedemütigt) werden und nicht widerbedrücken, die ihre Schmähung anhören und sie nicht erwidern, die aus Liebe* (zu Gott) *handeln"*[23] – erfüllen das Gebot.

c) Frieden und Gerechtigkeit stiften

Ganz im Sinne der Tora konnte Hillel dem Menschen auch die volle Verantwortung für den Frieden auferlegen: *„Sei von den Jüngern Aharons, den Frieden liebend und dem Frieden nachjagend* (Ps 34,15)*, die Menschen liebend und sie hinführend zur Tora."*[24] Wie er den Mitmenschen im Blick hat, unabhängig von seiner religiösen, kulturellen und ethnischen Herkunft, so unterscheidet auch nach anderen frühen Gelehrten das Friedenstiften die Menschen, nicht jedoch ihre Abstammung: „*Mögen Nachkommen der* (nichtjüdischen) *Völker, die nach Aharons Tat handeln, zum (in) Frieden kommen, nicht aber, ein Sohn Aharons zum (in) Frieden, der nicht nach Aharons Tat tut.*"[25] Die Weisen lehrten, daß Friede unter den Menschen nicht von selbst entstehe, daß keiner das Friedenwirken dem anderen oder der Gesellschaft überlassen dürfe; sie forderten den Mut zur Zivilcourage und zur Überwindung der eigenen Teilnahmslosigkeit: „*daß man in Israel dem Frieden zwischen den einzelnen nachjagen soll*"[26], – das gilt „*von dem, der Frieden zwischen zwei Männern oder zwischen einem Mann und seiner Frau oder zwischen zwei Städten oder zwei Nationen oder zwei Regierungen oder zwei Familien stiftet*"[27].

Den Weisen war so wenig wie der Hebräischen Bibel, die sie auslegten, „*Gerechtigkeit*" ein abstrakter Begriff. „*Gerechtigkeit*" bezeichnet vielmehr die Wirklichkeit dessen, was in konkreter Beziehung gerecht und richtig ist (Ps 106,3; Jes 64,4; Jer 22,3; Ez 18,19–27). Eine gerechte Tat bewirkt soziale Beständigkeit und letztlich Frieden (Jes 32,17, vgl. Hos 10,12). Daran knüpft das hillelitische Wort an: „*Wer Gerechtigkeit (Wohltätigkeit) vermehrt, vermehrt Frieden.*"[28] Die Überlieferung verlangt von der jüdischen Gemeinschaft nicht nur prinzipiell, die Eintracht zwischen den Menschen zu fördern. Sie erzieht sie zum Frieden dadurch, daß sie ihr auferlegt, nach den Ursachen von Mißständen zu forschen und behebbare Übel zu beseitigen und in Zukunft zu vermeiden. Darum erwähnt sie neben dem „*Ausüben von Liebeswerken*" konkret „*das Friedenstiften zwischen den Menschen*"[29].

Auch wenn die Überlieferung, außer in der Gerechtigkeit, das höchste Ideal im Frieden sieht, propagiert sie keinen Pazifismus. Für sie ist beides zugleich Wahrheit und Wirklichkeit: Erfüllung und Unerfülltsein. Der Mensch darf nicht alles tun, wozu er in der Lage ist. Er muß sich jeweils nach verantwortlicher Prüfung selbst Beschränkungen auferlegen, jede Tätigkeit unter Bedingungen stellen, damit die gesellschaftlich-politische Realität der Gesamtheit nicht durch Maßlosigkeit zerstört wird. Unter diesem Vorbehalt konnten die Rabbinen den Krieg in gewisser Begrenzung moralisch rechtfertigen, ohne das Ziel universalen Friedens selbst aus den Augen zu verlieren. Sie erkannten unter bestimmten Umständen die Notwendigkeit des Krieges, wie im Verteidigungsfall, an; aber sie verwarfen scharf jede Neigung, den Krieg zu verherrlichen. Sie wiesen auf die messianische Zeit, in der alle Waffen abgeschafft werden. Sie entzogen auch dem Triumpf über Israels Feinde die Grundlage: Zur Errettung aus dem Schilfmeer sagten sie: *„Es war keine Freude vor Gott über den Untergang der Gottlosen."*[30] Der Überlegenheit, die nach der Errettung im jüdischen Volk hätte aufkommen können, setzten sie das Mitgefühl entgegen: *„Die Dienstengel wollten ein Lied anstimmen, da sprach der Heilige, gesegnet sei er, zu ihnen: Mein Händewerk ertrinkt im Meer, und ihr wollt ein Lied anstimmen?"*[31]

4. Bewahrendes Handeln

a) Sachwalter Gottes über die Schöpfung

Juden hören und lesen ihre Bibel als ein einheitliches Werk. Auch die Kenntnis des literarischen Entstehungsprozesses hindert sie nicht daran, in der äußeren Vielheit der Jahrhunderte die innere Verbundenheit zu entdecken. Sie begründet die Einheit des Lernens der einzelnen mit dem Lernen der Generationen durch die Geschichte des jüdischen Volkes. Der historische Blick leitet sie nicht, die Bedeutung der Endgestalt der Hebräischen Bibel gering zu achten und daher im biblischen Reden vom Anfang die Verschiedenheit der Darstellungen zu betonen und die Schöpfungsberichte auch nur je für sich zu verstehen. Statt in der Aneinanderreihung der ersten beiden biblischen Kapitel nur ein redaktionelles Ergebnis anzunehmen, vernimmt ein Jude aus ihrem Zusammenklingen, welche Aufgabe dem Menschen in der Schöpfung zugedacht ist: Er darf sie gerade nicht mit der Unempfindlichkeit und Gleichgültigkeit dessen gebrauchen, der die Verfügungsgewalt besitzt. Er muß vielmehr sein Herrscheramt so vollziehen, daß sich darin Gottes segnendes Handeln weiter in der Schöpfung auswirken kann. Der Mensch als der Sachwalter Gottes – *„in unserem Bild nach unserem Gleichnis"* (Gen 1,26) – muß sie *„bedienen"* und *„hüten"* (Gen 2,15).

Im jüdischen Dasein nimmt seit alters her das Brauchtum einen wichtigen Raum ein. Es prägt den Umgang mit den Schöpfungsgaben. Wenn sich der jahreszeitliche Kreis von Saat und Ernte schließt, sollen die Menschen vier Pflanzenarten sammeln als Zeichen ihres Gotteslobs über die Fruchtbarkeit des Landes (Lev 23,40). In den regelmäßigen Festen (Ex 23,14–17; 34,18–23; Dtn 16,1–17) spiegelt sich die selbstverständlich gelebte Abhängigkeit des menschlichen Daseins von dem, was die Erde gibt (Gen 1,29). Von hier lenkten die rabbinischen Weisen das Nachdenken auf das Handeln des gemeinsamen Schöpfers von *„Natur"* und Menschen. Sie machten auf die Stellung des Menschen innerhalb der Biosphäre aufmerksam: *„Über allem schuf* (Gott) *das Firmament; über das Firmament hinaus schuf er die Gestirne, die die Welt erleuchten; über die Gestirne hinaus schuf er die Bäume, denn die Bäume tragen Früchte …; … schuf er das Vieh, denn das Vieh arbeitet und ißt …; über das Vieh hinaus schuf er den Menschen, denn der Mensch hat Vernunft, und das Vieh hat keine Vernunft."*[32] Diese Auszeichnung des Menschen vor aller *„unvernünftigen"* Kreatur aber verpflichtet die menschliche Gemeinschaft wie den einzelnen zu einem verantwortlichen Umgang mit allem Geschaffenen gegenüber dem Schöpfer, der seinen Willen in der Tora offenbart hat. An diese Verantwortung erinnert im Judentum die Überlieferung: *„Der Heilige, gesegnet sei er, traf mit dem Schöpfungswerk eine Vereinbarung und sprach zu ihm: Nehmen die Israeliten die Tora an, so werdet ihr bestehen, wenn aber nicht, so* *lasse ich euch wieder zu ,Irrsal und Wirrsal'* (Gen 1,2) *zurückkehren.*"[33]

b) Ökologische Vorschriften

Daß der Mensch den Schöpfer nur ehren kann, wenn er auch sein Werk achtet, ist in der biblischen und nachbiblischen jüdischen Tradition fest verankert. Die biblisch-talmudische Ethik hat sie in klaren Vorschriften zum Schutz der „*Natur*" geformt. Sie alle finden ihre Quelle im Vorbild Gottes selbst. Die Weisen aktualisierten die konkreten ökologischen Vorschriften der Bibel. Sie berücksichtigten die Struktur des Haushalts der Natur in Raum und Zeit und die Interaktionen bei Tieren und bei Pflanzen sowie zwischen ihnen. Sie betrafen auch das Verbot, die Früchte eines Baumes in den ersten drei Jahren, nachdem er gepflanzt worden ist, zu genießen (Lev 19,23–25). Der Vegetation galt die besondere Aufmerksamkeit: „*Allein vom Anfang der Schöpfung der Welt war Gott nur mit dem Pflanzen beschäftigt* (Gen 2,8). *So sollt auch ihr, wenn ihr in das Land kommt, euch zuerst mit nichts anderem als mit dem Pflanzen beschäftigen.*"[34]

Die Rabbinen drückten die Pflicht des Menschen, seinen Schöpfer durch die Tat nachzuahmen, in einer Fülle von Ermahnungen und Weisungen zum Schutz der natürlichen Umwelt des Menschen aus. Sie sollten die Gefährdung des Landanbaus und des Waldes durch Viehzucht abwehren, die Nutzung von Wasserquellen und des Fischbestandes im Meer Tiberias sowie des Bodens regeln oder das Verbot einhämmern, den Baumbestand zu vernichten: „*Das Leben des Menschen hängt vom Baum ab.*"[35] Die biblische Satzung stellte den Baumbestand einer belagerten Stadt unter Schutz (Dtn 20,19); die Gelehrten erhoben sie zur Grundbestimmung: „*Verdirb nicht!*" Sie untersagt jedes mutwillige oder leichtfertige Zerstören der Schöpfung, sei es den Mißbrauch von Holz, die Vergeudung von Wasser, das Abschneiden von Olivenzweigen oder das Abhauen von Pflanzen. Eindringlich warnten die Lehrer vor den unmittelbaren Folgen aus dem menschlichen Fehlverhalten für die Schöpfung.

c) Die unantastbare Schöpfungsordnung

Das ökologische Gleichgewicht gehört zum ursprünglichen „*Schöpfungsplan*". Nach ihm hat Gott jedes in Übereinstimmung mit dem anderen geschaffen. „*Wie die Pfanne und ihr Deckel*"[36], so paßt im Schöpfungswerk alles zusammen. Daher darf der Mensch in die Schöpfungsordnung nicht eingreifen. Das Verbot über „*Mischung/Kreuzung*" (Lev 19,19) stellt fest, daß sich jedes Verfahren gegen die göttliche Ordnung richtet, das Ungleichartiges miteinander verbindet. Wie Gott bei der Schöpfung jeder Art gebot, sich selbst nach ihrer Beschaffenheit fortzupflanzen (Gen 1,11f.22.24f.28), so darf der Mensch nach den Auslegungen der großen mittelalterlichen Gelehrten die Ordnung der Welt nicht in Zweifel ziehen, sondern muß dafür sorgen, daß jede Art auch unvermischt bleibt. Jede Änderung der Schöpfungsordnung bewirke „*Verheiligung*" (Dtn 22,9), zerstöre folglich die Beziehung zu Gott.

d) Der Schutz der Tiere

Dem Menschen ist mit der Herrschaft über die Tiere auch ihr Schutz aufgegeben. Der Rechtsgrundsatz, der Tiere vor Schaden bewahren helfen soll (Lev 24,18), erhält sein Gewicht von jener anderen Vorschrift her, die dem Menschen gebietet, auch dem Tier in seiner Not beizustehen (Ex 23,4f; Dtn 22,4.6). Der Mensch darf dem Tier, das er in seine Arbeitsgemeinschaft einbezogen hat, keine Anstrengung abverlangen, die es überfordert (Dtn 22,10), oder ihm gar sein Recht auf Nahrung verweigern (Dtn 25,4). Das Tier, das der Mensch zu seiner Arbeit gebraucht, hat den gleichen Anspruch wie er selbst auf den Ruhetag (Ex 20,10; 23,12; Dtn 5,14). Der Mensch soll dem Tier liebevoll begegnen, als trüge er eine Schuld gegen Gott ab (Dtn 25,4; Ps 104,14.27; 147,9). Der Mensch muß sogar das Arbeitsverbot am Schabbat außer acht lassen, um die Schmerzen des Tieres zu lindern, lehrten die Weisen.

e) *„Reinheit"* und *„Heiligung"*

In den Lehren des überlieferten Judentums bildet eine Einheit, daß der Mensch seine natürliche Umwelt und seinen Körper als Gottes Schöpfung ehrt. Die bedienend-hütende Einstellung zur geschaffenen Welt aber erreicht der Mensch nur, wenn er auch seinen Körper als ein Werk Gottes behandelt, das er achten und bewahren muß: ihm die nötige Pflege nicht entzieht und seine Kraft nicht durch ungesunde Ernährung, durch übermäßiges Essen und durch die ständige Aufnahme von Genußgiften raubt. Die Rabbinen erschlossen dem Menschen die ungebrochene Gemeinschaft mit seinem Schöpfer, indem sie ihn den Zusammenhang von gottesdienstlicher Reinheit und körperlicher Reinlichkeit lehrten. Die biblischen und rabbinischen Reinheitsvorschriften leiten den jüdischen Menschen in die Beziehung zu dem *„heiligen"* Gott (Lev 11,44). Sie tragen dazu bei, daß sich seine Gemeinschaft als das *„heilige Volk"* (Ex 19,6; Dtn 14,2) bewährt, das zur Reinheit verpflichtet ist (Lev 18,6–30; Dtn 21,1–9; Ez 36,16–36). Erklärtes Ziel der Reinheitsvorschriften war die rituelle Reinheit (Lev 17,13–16; 15,1–15; Num 5,1–4; Dtn 23,13–16). Doch förderten sie im Judentum zugleich die körperliche Reinlichkeit und schärften das Bewußtsein für die Gesundheit ein. Im Unterschied zur christlichen Bevölkerung im Mittelalter blieben die meisten jüdischen Gemeinden trotz ihrer äußerst engen Wohnbezirke von Seuchen verschont. Die strenge Befolgung der Halacha trug dazu bei, daß die Juden von vielen Massenerkrankungen verschont blieben.

Die von den Rabbinen unterstrichene Verbindung zwischen *„Reinheit"* und *„Heiligung"* wirkte sich nicht nur in der Empfehlung aus, sich gesund zu ernähren, sondern auch darin, daß sie den Zusammenhang von menschlicher Gesundheit und Umwelt erforschten. Sie formulierten Gesetze, die das Gleichgewicht in der Natur erhalten und dadurch Krankheiten verhindern sollten. Schon im Altertum hielten Satzungen von jüdischen Wohngebieten Luftverschmutzung und Lärm fern, regelten Kanalisation und Abfallablagerung abseits von Brunnen und Behausungen und sorgten für Wasserversorgung und ein wohltuendes Klima. Sie vermittelten jeder jüdischen Generation das Wissen, daß der Mensch mit jeder seiner Taten die Verantwortung für die Schöpfung trägt, die Gott ihm anvertraut hat.

5. Auflehnung und Umkehr

a) Vergessen verneint Beziehung

Die Hebräische Bibel hält sich kaum bei der menschlichen Sündhaftigkeit und Schwachheit auf (Prov 20,9; Hi 4,17ff; 25,4ff). Sie spricht dagegen viel von Menschen, die ihren Weg verfehlen und dadurch ihr Verhältnis zu Gott (Jdc 10,10; II Sam 12,13) oder einen Mitmenschen brechen (Gen 20,9; Jdc 11,27). Sie „*lehnen sich auf*" gegen Gott (Jes 1,2; Hos 8,1) und „*krümmen/verkehren*" die Beziehung zu Gott (II Sam 7,14; 24,17) oder zum Mitmenschen (II Sam 19,20). Der biblische Sprachgebrauch läßt in dem Ungehorsam und in der Auflehnung des Menschen den Ursprung der Sünde erkennen; er beleuchtet die Tat der Sünde als eine negative Beziehungshandlung. Das Gute, das Israel von seinem Gott her erfahren hat, und auch Israels Ja zu Gott sind der Sünde in der Geschichte des Gottesvolkes immer schon voraufgegangen (Ex 19,4–8; Jos 24,16–18). Damit, daß Menschen „*vergessen*", was sie Gutes erfahren haben, beginnen ihre Verfehlungen (Jes 17,10; Jer 2,32; 3,21; Ez 22,12; Hos 2,15; 4,6).

Die Weisen verschweigen sowenig wie die Bibel die menschlichen Gebrechen. Sie sahen, daß der Mensch von seinem Ziel noch weit entfernt ist und zur Auflehnung verleitet werden kann. Für die Bibel ist Sünde die Schuld des Menschen, der sich von Gott abwendet (Prov 5,22; Num 32,23). Auch die Rabbinen verstanden die Sünde nicht als ein unentrinnbares Schicksal der Menschen, sondern als das Urteil über menschliches Tun.

b) Des einzelnen Verantwortung für die Sünde

In der apokalyptischen Literatur begegnet die Auslegung, daß Adams Sünde (Gen 3) sich wie ein Verhängnis über seine Nachkommen gelegt habe.[37] Jedoch tauchte auch hier schon der Gedanke der eigenen Schuld des Menschen auf.[38] Paulus (Röm 5,12) verband ihn mit dem Motiv von der Schicksalhaftigkeit. Anders als die Apokalyptiker, als Paulus und vor allem als die lateinischen Kirchenväter gaben die Rabbinen der Vorstellung von der Ur- oder Erbsünde keinen Raum. Sie erkannten in dem Ungehorsam des ersten Menschen nicht die Saat zu einer zwanghaften sündhaften Zuständigkeit der nachfolgenden Menschen. Die Sünde bleibt in der Verantwortung des Menschen: „*In wem die Scheu vor seiner Sünde seiner Weisheit vorangeht, dessen Weisheit hat Bestand. In wem seine Weisheit aber der Scheu vor der Sünde vorangeht, dessen Weisheit hat keinen Bestand.*“[39] Die Weisen zeigten ihrem Volk die Quelle der Kraft, mit der die Menschen ihre Neigung zur Sünde bezwingen können: „*Wenn sie sich mit der Tora und guten Werken befassen, dann befindet sich ihr Trieb in ihrer Gewalt und nicht sie in der Gewalt ihres Triebes.*“[40] Sie lehrten, wie der Mensch die Trennung von Gott überwinden kann, in die er selbst durch seine Sünde geraten ist: „*Besser eine Stunde in Rückkehr* (d.i. zu Gott) *und guten Taten in dieser Welt als alles Leben der kommenden Welt.*“[41] Sie warnten den Menschen, seine Umkehr zu Gott aufzuschieben: „*Kehre um einen Tag vor deinem Tod*“; denn der Mensch „*muß heute umkehren, vielleicht stirbt er morgen*“. Die Gelehrten folgerten: „*Es ergibt sich also, daß er all seine Tage in Umkehr verbringt.*“[42]

c) Umkehr – Versöhnung – Vergebung

Umkehr bedeutet *Versöhnung* (Lev 5,6): In ihr kann sich das Leben des Menschen erneuern, wenn er davon abkehrt, sich gegen die Gemeinschaft mit Gott aufzulehnen, und sich unter Gottes Urteil beugt (Lev 5,5f; Jes 58,6ff; Jer 3,12ff). Gott versöhnt. Diese Erfahrung hat dem heiligsten Tag des Judentums seinen Namen gegeben: *Jom Kippur,* Tag des Zudeckens (der Sünden). Der Versöhnungstag dient der Selbstprüfung des Menschen und seiner Umkehr zu Gott: *„Denn an diesem Tag wird er euch verzeihen, um euch zu reinigen; von all euren Sünden vor Gott sollt ihr rein werden."*[43] Die Beter suchen den gerechten und doch barmherzigen Gott, *„da er sich finden läßt"*, und rufen ihn an, *„da er nah ist"* (Jes 55,6). Die zu ihm Umkehrenden werden gewiß, daß *„das Maß der Güte reichlicher sei als das Maß der Heimsuchung"*[44]. Der Zuspruch der Vergebung (Num 14,20) bietet dem einzelnen den Halt seines Lebens. In der Versöhnung findet der Jude Gottes Nähe in der Welt.

Vergebung der Schuld ist nach der Überlieferung aber nicht allein ein Vorgang zwischen Gott und Mensch, sondern auch zwischen Mensch und Mitmensch. Die Weisen bezeugen als Gottes Wille, daß der Mensch sich zuerst mit seinem Nächsten versöhnen muß, bevor er für sich selbst bittet: *„Sünden des Menschen gegen seinen Nebenmenschen sühnt der Versöhnungstag nicht, bis man dessen Vergebung erlangt hat."*[45] Die Überlieferung lehrt Versöhnung nicht allein als einen Akt göttlicher Gnade, sondern zugleich als den konkreten Vorgang der Nächstenliebe: *„Wer seinen Nächsten auch nur mit Worten kränkt, muß ihn versöhnen."*[46] Nur wer sich bemüht, den beleidigten Mitmenschen zu versöhnen, wird mit Gott versöhnt: *„Die Vergehungen eines Menschen gegen seinen Nächsten sühnt nicht der Versöhnungstag … Wenn ein Mensch gegen den anderen sündigt und es ihm abbittet, so vergibt es ihm Gott."*[47]

Allein Gott kann die Beziehung zu seinem Geschöpf wiederherstellen (Lev 16,30). *„Er läßt sich von ihm durch Worte* *versöhnen*"[48], nachdem der Mensch, der das Grundverhältnis zu seinem Schöpfer durch seine Auflehnung verletzt hatte, zu seiner Geschöpflichkeit umgekehrt ist. Den zur Umkehr bereiten Menschen stärkt Gott: „*Wer ist es, vor dem ihr euch reinigt, und wer ist es, der euch reinigt? Euer Vater im Himmel.*"[49] Das unmittelbare Vergehen gegen Gott aber kann nur Gott selbst aufheben: „*Wenn aber ein Mensch gegen Gott sündigt, wer könnte für ihn beten? – nur Umkehr und gute Handlungen* (führen den Menschen zu Gott zurück)."[50]

6. Der leidende und der hoffende Mensch

a) Leiden – Befreiung – Mitleidensfähigkeit

Die Geschichte des jüdischen Volkes ist eine Geschichte des Leidens. Sie hat den Lebenswillen der Gemeinschaft und der einzelnen gestärkt und verhindert, daß Gleichgültigkeit und Entsagung gegenüber der Welt aufkamen. Die Erfahrung des Leidens hat sich in der Geschichte des jüdischen Volkes mit einer anderen verbunden, der Befreiung aus dem Leid (Ex 3,7f). Gottes Miterleben stiftet eine Beziehung besonderer Art zwischen ihm und den Gebeugten und Bedürftigen. Gott liebt und rettet nicht die Teilnahmslosen (Jes 57,15). Er verordnet seinem Volk den Ruhetag, damit der arbeitsmüde Mensch sich erholen kann; denn Gott macht sich dem abhängigen und wenig geschützten Menschen gleich (vgl. Ex 23,12 mit 31,17).

Die Tradition hat die Leidenserfahrung didaktisch fruchtbar gestaltet. Das eigene Leid soll den Anstoß geben, das Gott-Mensch-Verhältnis in der Wechselbeziehung von Mensch zu Mensch zu verwirklichen und in der Mitleidensfähigkeit zu bewähren (Dtn 5,13–15). Leiden birgt für den Leidenden die Gelegenheit in sich, mitleidsfähig zu werden; es enthüllt seinem Bewußtsein das Problem des anderen (Lev 19,33f). Im Mit-Leiden verwandelt der Mensch den

Nebenmenschen in seinen Mitmenschen (Lev 19,18). Im Leiden sollen Menschen begreifen, daß die Nachfolge Gottes (Dtn 8,6; 10,12) sie nicht in eine höhere Welt entführt, vielmehr von ihnen fordert, Gott auf Erden gerecht zu werden. Die Hebräische Bibel hat das Verhältnis zum leidenden Menschen mit der Liebe zu Gott verknüpft (Dtn 6,5; 24,12f).

b) Selbstprüfung des Leidenden

Im Judentum wurde die Erfahrung weitergegeben, daß Gott sich verbirgt (Dtn 31,18; Jes 54,8) und verlassene Menschen verzagen (Ps 44,24; Hi 13,24). Was aber seinen Umgang mit dem Leiden kennzeichnet, sind nicht so sehr seine sinngebenden Antworten auf die Schreie: *„Warum?“*, *„Wie lange noch?“* (Ps 22,2; 13,2f). Not und Qual formen sich in der jüdischen Überlieferung mehr zur Frage an den Menschen als an Gott. Die Betroffenen erlebten alle Widrigkeiten als Ereignisse, die sie von Gott her aufrütteln (Thr 1,5). In die Tradition gingen Leiden ein, die Menschen veranlaßten umzukehren, so daß sie über ihr Gottesverhältnis nachdachten. In seiner Störung erkannten sie die Ursache: *„Was hat der lebende Mensch zu klagen? Jedermann über seine eigene Sünde!“* Sich selbst sahen die Menschen durch ihre Leiden herausgefordert: *„Prüfen, erforschen wir unsere Wege und kehren wir um bis zu Adonaj hin“* (Thr 3,39f). Das notwendige Forschen und Ergründen des Seins und Tuns vor Gott darf freilich die Grenzen der eigenen Existenz nicht überschreiten. Keinem steht das Recht zur Beurteilung der Situation eines anderen zu (Hi 4,6f; 42,7).

c) Handeln im Leiden

Doch der Gott Vertrauende duldet nicht nur das Schwere; dann erst entsteht aus dem Leiden noch Unglück. Er nimmt es auf sich als Zeichen der Liebe Gottes (Dtn 8,5) und erwirbt sich dadurch die Gemeinschaft mit Gott. Die Rabbinen leiteten dazu an, im Leiden einen Grund zum Gotteslob zu empfangen: „*Nicht sollt ihr es mit mir machen, wie es die anderen in den* (nichtjüdischen) *Ländern zu machen pflegen. Wenn Gutes über sie kommt, dann ehren sie ihre Gottheit …, und wenn Strafe über sie kommt, dann fluchen sie der Gottheit … Aber wenn ich über Israel Gutes bringe, so sagen sie Dank, und wenn ich über sie Leiden bringe, sagen sie Dank.*“[51] Für den, der es annimmt, hört das Leiden auf, nur noch Leiden zu sein; es entbindet ihm die Kraft zu überwinden (Hi 36,15). „*Warum wehrst du dich gegen das Leiden?*“, fragte *Nachum aus Gimso* (1./2. Jh.) seinen Schüler.[52] Er lebte ihm vor, jedes Ereignis positiv auszulegen, auch wenn es dem Menschen ungünstig erscheine: „*Auch dies ist zum Guten (gam so le-towa)!*“[53] R.Akiba lernte von seinem Lehrer, sich nicht gegen das Leiden zu sträuben und erlitt später sogar lobend den Märtyrertod.[54] Seitdem gehört zur jüdischen Lebensweisheit, alle Begebenheiten, die der einzelne wie das jüdische Volk erfahren, nach dem Vorbild Nachums, der Gott ganz vertraute, zu deuten und noch im Unglück das verborgene Gute anzunehmen.[55]

Der Schöpfer vernimmt jedes Dasein seiner Geschöpfe, schaut auf alle zu jeder Zeit. Darauf stützten die Rabbinen ihre Hoffnung, wenn sie den Menschen auferlegten: „*Jeder ist verpflichtet, für das Schlechte* (Gott ebenso) *zu preisen, wie er für das Gute* (Gott) *preist.*“[56] Was sich dem Sinn des Lebens entgegenstellen will, soll für den Leidenden zum Anstoß werden, aktiv Verantwortung zu übernehmen und menschlich verursachte Leiden unter allen Umständen zu vermeiden (Dtn 24,6.14f). Der Mensch ist begrenzt frei (Dtn 30,15–19); sein Betätigungsfeld sind die abwendbaren Übel. Daher ist auch der einzelne für die sozialen Leiden in der Gesellschaft rechenschaftspflichtig: „*Stets gehöre der Mensch zu den Verfolgten und nicht zu den Verfolgern.*“[57]

d) Tod als Schöpfungsordnung

Das Leben in dieser Welt genießt in der Traditionsliteratur den höchsten Wert. Den Tod, der dem Menschen und seinen

Taten ein Ende setzt, betrachtet sie als die hemmendste Macht. Er gehört seit der ersten Gebotsübertretung (Gen 3) zur Geschichte der Menschen, die sich gegen den Willen Gottes auflehnen. Da jeder Mensch die Verantwortung für sein Tun und sein Unterlassen selbst trägt, verursacht er durch seine Sünde auch den eigenen Tod. Die Mehrheit der Rabbinen akzeptierte den natürlichen Tod eines Menschen als Gottes Ratschluß, sah im vorzeitigen Tod jedoch die Strafe Gottes für die Sünde des einzelnen. Nach ihrer Ansicht beschleunigt die Sünde den Tod, führt ihn aber nicht herbei. Der Sünde Adams lasteten einige Weise das schlechte Beispiel an, das die menschliche Neigung zur Sünde vermittelt habe. Damit wehrten die Lehrer des Judentums das Mißverständnis ab, das aus einer Lehre vom Tod als Gottes Ratschluß hätte erwachsen können: Die Verantwortung des einzelnen durfte durch sie nicht geschwächt werden.

Seit der Bemerkung eines frühen Gelehrten hat das Sterbenmüssen in der Überlieferung des Judentums einen sozialen Rang erhalten: R. Meïr hörte das hebräische Wort für „*sehr*“ im abschließenden Urteil des Schöpfers (Gen 1,31) als das lautähnliche für „*Tod*“. Vielleicht überlegte er nur, daß auch der Tod „*gut*“ zu nennen sei, weil er das schuldvolle Handeln der Menschen beende. Maimonides aber stützte sich auf R. Meïr, wenn er interpretierte, daß der Tod „*gut ist für den dauernden Bestand des Seins und für den Fortbestand der seienden Dinge in der Aufeinanderfolge*“.[58] Danach lehrt die Tradition: Der Tod ist gut, weil er das Werden anderer Generationen ermöglicht. Er ist der Preis, den jedes Leben für eine neue Geburt bezahlen muß. Darum ist der Tod ein notwendiger und auch zu bejahender Teil der Schöpfungsordnung.

e) „*Die Belebung der Toten*“

Das jüdische Volk erwartete das Reich Gottes auf Erden stets als geschichtlich-reale Erlösung des ganzen Israel aus aller Knechtschaft. Die Hoffnung auf die Auferweckung von den Toten reifte, als sich der Anbruch der messianischen Erlösungsherrschaft Gottes verzögerte. Ihre Frucht war die Rede vom *„ewigen Leben"* der einzelnen und von der individuellen Vergeltung nach dem Tod (Dan 12,2). *„Die Belebung der Toten"* wurde eine Hauptlehre des pharisäisch-rabbinischen Judentums. Sie äußert das Vertrauen in Gottes Schöpferhandeln; es umfaßt auch die Toten in ihrer leiblich-seelischen Existenz: *„Du bist mächtig in Ewigkeit, Herr. Beleber der Toten bist du, stark zum Helfen! Du erhältst die Lebenden in Liebe, belebst die Toten in großem Erbarmen ..."*[59]

Nicht die Erwartung des Messias, auch keine andere Aussage über *„die kommende Welt"*, sondern einzig das Vertrauen in Gottes wiederbelebendes Schöpferwerk pflanzten die Weisen den Menschen ein. Angesichts der Gräber ihrer Verstorbenen sollten Trauernde auf den hoffen, *„der euch ... erschaffen, ... ernährt, ... versorgt und ... versammelt hat; er wird euch auch dereinst nach Recht auferstehen lassen"*.[60]

Die Rabbinen vereinigten das Verantwortungsprinzip: *„Mit dem Maß, mit dem ein Mensch mißt, mißt man* (d. h. Gott) *ihn"*[61] mit der Auferstehungserwartung: In der *„kommenden Welt"* erfreuen sich die Menschen ihrer guten Taten bzw. leiden wegen ihrer schlimmen Taten und Unterlassungen in *„dieser Welt"*. Auch die jüdischen Religionsphilosophen stimmten darin überein, daß jeder Mensch für seine Taten verantwortlich sei, wenn sie auch über die Totenbelebung unterschiedliche Ansichten vertraten. Im modernen Judentum verstehen auch traditionelle Kreise den Glauben an die Auferweckung weniger wörtlich. Sie halten aber an dem Zeugnis fest, daß von Gott das endgültige Heil für den einzelnen abhängt.

VIII. Leben nach der Überlieferung

1. Geistige Ordnung

Das erste Wort der Hebräischen Bibel bedeutet nicht nur *„im Anfang“*, sondern auch *„durch das Erste und Beste* (des Ertrags)*“*. Die Weisen der talmudischen Zeit bezogen es einmal auf die Tora, zum andern auf das Volk Israel. Das Judentum zieht aus dieser Auslegung nicht den Schluß, das jüdische Volk sei über andere Völker erhoben worden. Selbstkritisch hört es aus dieser Deutung, daß die Lebenszeit des Juden sich in die Geschichte der Welt einfügt und er an jedem neuen Tag beginnen muß, das Rechte nach der Tora zu tun. Die Erbauung des Reiches Gottes kann, wie die Erschaffung des Himmels und der Erde, allein das Werk Gottes sein. Aber er will es nur als sein Werk annehmen, wenn es auch das Werk des Menschen ist: *„Durch den Erstling* (der Tora)*, aber auch des Volkes Israel, schuf Gott den Himmel und die Erde.“*[1]

Aus diesem Wissen lebt das Judentum: Der Mensch steht in einer Ordnung von Ereignissen, die ihre Bedeutung behalten, auch wenn sie längst geschehen sind. An ihnen haften Erfahrungen in der Menschheitsgeschichte, die um der kommenden Generationen willen nicht vergehen dürfen. Die Gebete, die dem Tagesablauf seine innere Gliederung verleihen, die gottesdienstlichen Lesungen aus der Tora und den Propheten sowie die Feste und Bräuche des Judentums erinnern an Begebenheiten der nicht vergangenen Vergangenheit. Sie lassen die Menschen die Aktualität der Geschichte brennend spüren: Sie vergegenwärtigen sie betend, hörend, erzählend und feiernd. In dieser geistigen Ordnung wurzelt gelebtes jüdisches Leben. Es gewinnt und stärkt sein Vertrauen aus solchem Sich-Erinnern durch die täglichen

Gebete, durch das Lesen und Bedenken der Wochenabschnitte aus dem ersten und zweiten Kanonteil und durch die Handlungen und Vorgänge bei den feierlichen Begehungen des jüdischen Jahres. Aus dem Erleben glaubwürdiger religiöser Praxis der Eltern und aus dem eigenen Vollzug entsteht eine sichere Vertrautheit im heranwachsenden und erwachsenen Juden mit den überlieferten Begegnungen zwischen dem Gott Israels und seinem Volk. Sie geht in das Leben des Juden nicht als sein *Glaube* an Gottes Offenbarung ein, sondern als seine *Verpflichtung* an sie. Sein gehorsames Tun muß die geschichtliche Offenbarung Gottes fortführen, die nur der Anfang ist.

Eine „gesetzliche" Kennzeichnung des Judentums, wie sie besonders von der protestantischen christlichen Theologie ausgeht, setzt das Judentum mit Tradition und Observanz gleich. Aber nach dem Anspruch der Überlieferung besteht das Leben des Juden nicht in der bloßen Erfüllung des *„Gesetzes"*. Seine Verpflichtung ist eine Verpflichtung Gott gegenüber. Sie kann nicht verblassen; denn das Judentum ist in bestimmten Ereignissen der Geschichte verankert, die dem praktizierenden Juden präsent sind. Erst seine innere Bindung an die Geschehnisse, aus denen das jüdische Volk seine Existenz herleitet, verleiht der Befolgung der Gehvorschriften ihren Gehalt. Gehorsam und Liebe sollen sich im jüdischen Leben vereinen, wie Halacha und Aggada im talmudischen Schrifttum. Die geistige Ordnung des jüdischen Lebensweges sorgt dafür, daß Orthopraxis und religiöse Erfahrung nicht auseinanderfallen.

2. Der Tag

a) Die Weisung für die Erde – Beten und Reinigen

Der jüdische Mensch sucht Gott nicht in einer Höhe, die über alles Irdische hinausragt und in die er sich aus seiner Welt herauszuerheben wünschte. Er hat die Weisung für die Erde empfangen; mit all seinen Lebenskräften soll er hier Gott dienen und die Gottesherrschaft errichten helfen. Er muß Gottes Gegenwart in sein irdisches Dasein aufnehmen, damit er überall im Gegenüber Gottes lebt und handelt. *„Ich stelle Adonaj immer vor mich hin“* (Ps 16,8) – dies ist seine ständige Regel. Wenn er sich ausruht, soll er wissen, vor wem er liegt. Beim Erwachen gedenkt er der Wohltaten des Schöpfers, durch die er sich an jedem Morgen wie neugeboren fühlt. Während er sich noch auf seinem Lager befindet, spricht er: *„Ich bekenne dankbar vor dir, lebendiger und bleibender König, daß du mir meine Seele in Erbarmen zurückgegeben hast. Groß ist deine Treue!“* Weil in dieser Anrede der sonst ehrfürchtig mit *„Adonaj“* umschriebene Gottesname fehlt, darf er den Lobpreis wagen, obwohl seine Hände noch nicht gewaschen sind.

Danach soll er rasch aufstehen und sich durch keine inneren Einwände oder durch Verlockungen von außen vom Dienst seines Schöpfers abhalten lassen. Wer sich daran gewöhnt, sich selbst zu überwinden, schickt sich an, den Willen Gottes zum eigenen Streben zu machen und *„rein“* zu werden. Der *ganze* Mensch steht seinem Schöpfer gegenüber; darum bereitet er sich an jedem Tag neu auch mit seinem Körper darauf vor, die ihm angebotene und gebotene Gottesbeziehung in Tätigkeit setzen zu können: Dreimal gießt er abwechselnd Wasser über seine Hände; er löst sich dadurch aus dem Verhältnis zu allen anderen Machtansprüchen, wird *„rein“*, um sich nun ungeteilt dem Willen Gottes hinzugeben, *„sich zu heiligen“*. Er wäscht sein Gesicht, um den Schöpfer zu ehren, der den Menschen als sein Ebenbild erschaffen hat (Gen 9,6), und spült sich den Mund, um *„den großen Namen“* (in ehrfürchtiger stellvertretender Benennung Gottes) in *„Heiligung und Reinheit“* auszusprechen.

b) Die Weisung für die Erde – Kleidungsstücke

Wie der jüdische Mensch die übrigen Körperteile erst nach dem Händewaschen berühren darf, so auch alle anderen

Dinge, z. B. seine Kleidung. Sie soll sauber sein und die *„Demut"* und *„Bescheidenheit"* des Menschen anzeigen, der sie trägt. Schaufäden *(„Zizit")* an den viereckigen Gewändern haben nur ein Ziel, dem Menschen ständig alle Gebote ins Bewußtsein zu rufen, damit er treu dem Befreier seines Volkes nachfolgt. Wer diese Vorschrift ausübt (Num 15,38f; Dtn 22,12), zieht über die Unterwäsche ein viereckiges Tuch aus Wolle, Baumwolle oder Seide. An seinen vier Enden sind die Schaufäden angebracht, die bei denen über der Kleidung hängen, die das Gebot streng auslegen. Da jeder hebräische Buchstabe auch für eine Zahl steht, besitzt das Wort *„Zizit"* den Zahlenwert von 600; zusammen mit der Anzahl der acht Quasten oder Schaufäden, die an einem Kleiderzipfel befestigt sind, und der fünf Doppelknoten, aus denen ein Schaufaden besteht, ergibt es die Summe von insgesamt 613. Sie entspricht der Anzahl der Gebote in der Tora, die zu beachten die Zizit mahnen. Darum wird das Bekleidungsstück mit den vier Schaufäden auch den ganzen Tag über am Körper (nicht auf der bloßen Haut) getragen.

Im Unterschied zu diesem *„kleinen Tallit"* bedeckt der *„große Tallit" („Gebetsmantel")* den Körper des männlichen Juden fast völlig, wenn er sich in die Zizit hüllt beim täglichen Morgengebet, am ganzen Versöhnungstag und beim Nachmittagsgebet am Fast- und Trauertag zur Erinnerung an die Tempelzerstörung. Nachdem er sich in den Gebetsmantel eingehüllt hat, legt er sich die Gebetsriemen *(„Tefillin")* am linken Arm und an der Stirn an (Dtn 6,8); dies geschieht beim Morgengebet der Wochentage, nicht jedoch am Schabbat und an Festtagen, die infolge ihrer erhabenen Eigenart keines weiteren Zeichens bedürfen. Mit schwarzen Lederriemen werden zwei schwarze lederne Kapseln an Arm und Stirn befestigt; sie enthalten vier Abschnitte aus der Tora, die auf Pergament geschrieben sind (Ex 13,2–10; 13,11–16; Dtn 6,4–9; 11,13–21): Sie erinnern an die rettende Herausführung aus dem Sklavendienst und an Israels angemessene Antwort darauf in der Liebe zu Gott, die sich im hingebungsvollen Gehorsam gegenüber den Geboten kundtut.

Die Kopfbedeckung *(„Kippa")* läßt ihren Träger bei jeder Bewegung seine Entschlossenheit bemerken, alle Pflichten des jüdischen Lebensweges auf sich genommen zu haben. Einst galt im Land Israel der unbedeckte Kopf als Symbol eines freien Mannes. Dann fingen Weise damit an, ihren Kopf zu bedecken; sie wollten dadurch kundtun, daß sie sich unter die Herrschaft Gottes und in Ehrfurcht vor seiner Gegenwart beugen. Im Lauf der Jahrhunderte setzte sich das Bedecken des Kopfes zunächst bei Gelegenheiten durch, in denen der Gottesname (umschrieben) laut wird – beim Beten, Lernen und Essen –, schließlich aber darüber hinaus ganztägig bei denen, die dadurch ihre Treue zur Sitte anzeigen. Ultraorthodoxe, die an ihrer osteuropäischen Herkunft festhalten und vornehmlich in Jerusalem, Bene Berak, Tiberias und Safed und in besonderen Stadtvierteln in der Diaspora leben, tragen schwarze Kleidung mit schwarzem Hut über der Kippa in der Öffentlichkeit und dem *Streimel* (Fellhut) am Schabbat und an Festtagen. In orthodoxen Kreisen beachten verheiratete Frauen die seit der Antike übliche und in der Halacha vorgeschriebene *„jüdische Sitte"*[2], ihr Haar (durch Kopftuch oder künstliche Haartracht) zu verhüllen.

c) Religiosität und Ethik

Die Überlieferung leitet den jüdischen Menschen an, über den notwendigen Verrichtungen zu Beginn jeden Tages seine Beziehung zu Gott auch täglich zu erneuern. Ihre Segenssprüche bieten ihm Denkanstoß und Sprachhilfe, Gottes Beistand im konkreten Dasein erfahren zu können: *„Wenn man die Augen öffnet, spreche man: Gesegnet sei er, der ‚Blinde sehend macht'* (Ps 146,8). *Wenn man sich aufrichtet und hinsetzt, spreche man: Gesegnet sei er, der ‚Gefesselte löst'* (Ps 176,7). *Wenn man sich anzieht, spreche man: Gesegnet sei er, der Nackte bekleidet* (vgl. Gen 3,21). *Wenn man sich hinstellt, spreche man: Gesegnet sei er, der ‚Gebeugte aufrichtet'* (Ps 146,8). *Wenn man auf dem Boden* *steht, spreche man: Gesegnet sei er, der ‚die Erde ausdehnt über dem Wasser'* (Ps 136,6) ... *Wenn man die Schuhe zuschnürt, spreche man: Gesegnet sei er, der mir alles geschaffen hat, was ich brauche. Wenn man sich den Gürtel umlegt, spreche man: Gesegnet sei er, der Israel mit Macht umgürtet* (vgl. Ps 65,7). *Wenn man das Tuch um das Haupt windet, spreche man: Gesegnet sei er, der Israel mit Herrlichkeit krönt* (vgl. Ps 8,6) ... *Wenn man das Gesicht wäscht, spreche man: Gesegnet sei er, der den Schlaf entfernt von meinen Augen und den Schlummer von meinen Lidern.*"[3]

Die rabbinische Tradition hebt das Tun des Menschen hervor. Dennoch wäre das Judentum unzutreffend durch eine Gleichsetzung von Religion und Ethik erfaßt. Der von seinen Lehren geleitete Mensch weiß, daß die von ihm geforderte ungeteilte Hingabe an Gott (Dtn 6,5; 11,13; Num 15,40) ihm nicht als Geschenk des Himmels einfach zufällt. Er muß sie ebenso auch ernsthaft wollen und mit den Widersprüchen seines Herzens ringen, um handlungsfähig zu werden. Im Morgengebet bittet er Tag für Tag um verstehendes Lernen und treues Erfüllen der Tora. Nur wenn Gott sein Streben annimmt: „*Einige unser Herz, deinen Namen zu lieben und zu fürchten*", überwindet er die Zerstreuungen und eigenwilligen Neigungen in seinem Innern und erlangt die Einheit des Herzens, damit er die Einheit Gottes (Dtn 6,4f) in seinem Tun verwirklicht. Wie der Jude dem gewährenden Gott nur in dem gebietenden begegnet, so kann er nur empfangend erfüllen. Sein Beten am Morgen, Nachmittag und Abend öffnet den *ganzen* Tag der preisenden Hinwendung zu Gott und bindet den Menschen an ihn.

d) Tradition und Spontaneität

Der überkommene Wortlaut der Gebete weist den einzelnen auf den Weg der jüdischen Gesamtheit, wie auch die täglichen Gottesdienste die Gemeinschaft der sich zu den festgelegten Zeiten versammelnden Beter voraussetzt. Nach rabbinischer Auslegung der Tora stellen die gottesdienstliche Gemeinde, die Gott heiligt (Lev 22,32), wenigstens zehn jüdische Männer dar (Num 16,21; 14,27). Wo immer auch diese mindestens zehn Beter *(„Minjan")* vor Gott zusammenkommen, realisieren sie – obgleich nur auf bescheidene Weise – die Gesamtheit Israels und nähren die Sehnsucht nach ihrer Vollständigkeit. Der einzelne, im Versammlungsraum der Gemeinde *(„Synagoge")* oder allein zu Hause, erkennt mit der gemeinschaftlichen Sprachform der traditionellen Gebete an, zur Gemeinde *„unserer Väter"* zu gehören, und wird zum Stellvertreter für das ganze jüdische Volk. Freilich bedarf es der Wachsamkeit des Beters, daß vorgegebene Zeiten und feste Formulierungen sein Beten nicht zur Gewohnheit und Gedankenlosigkeit mißraten lassen und seine ursprüngliche Kraft ersticken. Der einzelne lernt die Entgegensetzung von Gleichförmigkeit und eigenem Antrieb recht gebrauchen, wenn er den Wert der tradierten Sprachform, in der sich die Erfahrungsweisheit von vielen Generationen verdichtet hat, und die eigene Schöpfungskraft, *„Neues einzuschalten"*[4], nicht als Spannung bestehen läßt, sondern in sich ausgleicht.

e) Pflicht und Freiheit der Frau

Frauen sind von allen religiösen Pflichten befreit, die an festgesetzte Zeiten gebunden sind. Aber sie haben das Recht, alle diese Gebote auszuüben und auch den vorgeschriebenen Segensspruch vor der gebotenen Handlung zu sprechen. Frauen sind volle Mitglieder des Bundesvolkes (Jos 8,35) und nach rabbinischer Rechtsauffassung Männern gegenüber allen Satzungen des Zivil- und Kriminalrechts gleichgestellt. Aber als Trägerinnen öffentlicher gottesdienstlicher Ämter kannte sie weder das biblische Israel noch das rabbinische Judentum, weil es sich gegen heidnische Gestirn- und Fruchtbarkeitskulte mit ihren Priesterinnen und der Tempelprostitution abgrenzte. Zwar bestritten die Rabbinen den Frauen nicht grundsätzlich die Fähigkeit und das Recht zu öffentlicher Toravorlesung; auch scheint die Gemeinde im Altertum Frauen, um sie zu ehren, aufgerufen zu haben, damit sie den Wochenabschnitt vortrugen. Jedoch verzichteten sie allmählich entsprechend der Sitte der Zeit darauf, ihr Recht auszuüben und aktiv beim öffentlichen Gottesdienst mitzuwirken, „*wegen des Respekts, der der Gemeinde gebührt*“[5].

Nicht theologische Gründe zwangen Frauen zur stillen Teilnahme am Gottesdienst; vielmehr ließ sie nachgiebiges Verhalten in der Gemeinschaft der Forderung der auf ihre Ehre bedachten Männer nachkommen, denn nach antiker Auffassung hätte das Toravorlesen einer Frau bedeutet, daß der Gemeinde Männer für diese öffentlichen Funktionen fehlten. Aber im Haus endet die Zurückhaltung der traditionell lebenden Frau. Sie ist verpflichtet, das Achtzehngebet und das Tischgebet nach der Mahlzeit zu beten sowie die *Mesusa* anzubringen, eine Kapsel, die am rechten Türpfosten des Eingangs und der Zimmer einer jüdischen Wohnung befestigt wird und eine handgeschriebene Passage aus der Tora auf einer kleinen Pergamentrolle enthält.

f) Neuerungen und Abwandlungen

Die einzelnen Gemeinden des liberalen und reformierten Judentums gestalten ihre Gottesdienste unterschiedlich, stimmen aber alle darin überein, daß die jeweilige Landessprache auch als Gebetssprache sowie Chor- und Orgelbegleitung gebraucht werden dürfen. Dagegen wird in der Orthodoxie weltweit und überwiegend auch im konservativen Judentum hebräisch gebetet. Chorgesang und Instrumentalmusik bleiben nach der Tradition allein dem Tempelgottesdienst vorbehalten. Die nichtorthodoxen Richtungen haben weithin die Trennung der Geschlechter beim Gottesdienst abgeschafft. Das progressive (reformierte) Judentum hat sich von Anfang an zur Gleichberechtigung von Frauen und Männern auch in der religiösen Praxis bekannt. Im amerikanischen und englischen Reformjudentum und bei den Liberalen sind Rabbinerinnen seit 1972 üblich. Als geistiges Zentrum des konservativen Judentums eröffnete das New Yorker Jewish Theological Seminary 1984 den Weg für die Ordination von Frauen.

3. Der Ruhetag – Schabbat

a) Der Gedenktag an das „*Werk des Anfangs*"

Von Woche zu Woche kehrt gleichmäßig der Ruhetag wieder. Die Formen, die ihn umgeben, und der Verzicht, die eigenen schöpferischen Kräfte zu gebrauchen, rufen dem Menschen ins Bewußtsein, daß Gott ihm eine besondere Verantwortung in seiner Schöpfung auferlegt hat (Gen 1,28; 2,15). Wie der Schöpfer mit seinem Schaffen innehielt und darum „*am siebten Tag*" der Schabbat der Schöpfung begann (Gen 2,2f), so soll der Mensch alle sieben Tage mit den Anstrengungen von Geist und Händen aufhören, seine Arbeit an der Erhaltung und Fortsetzung des Schöpfungswerks ruhen lassen (Ex 34,21; 35,2) und auf diese Weise bekennen: Gott ist der Schöpfer, der Mensch nur sein Mitarbeiter an der Schöpfung. So ist im Judentum der siebente Tag zum Gedenktag an das „*Werk des Anfangs*" geworden.

Die Wochentage haben nach der Überlieferung keinen Namen. Auch heute heißen sie in Israel nur „*Tag eins*" oder „*erster Tag*" usw. Von ihnen hebt sich allein der siebente Tag durch seinen Namen ab: *Schabbat* – „*Ruhetag*". Die Gebete, Bräuche und Erzählungen sorgen dafür, daß praktizierende Juden am Schabbat eine Ahnung von der Vollendung der Erschaffung von Himmel und Erde verspüren (Gen 2,1–3). Das Werk war vollendet, Gott ruhte. Die Rabbinen ziehen die Hörenden in ihre Auslegung der Bibel herein, damit Lernende Feiernde werden: „*Gleich einem Könige, der einen Trauhimmel machte und ihn mit Figuren und Zeichnungen schmückte. Was fehlte noch? Nichts, als daß die Braut darunter trat. Ebenso, was fehlte noch an der Welt? Der Schabbat.*" Oder: „*Ein König hatte sich Ringe ma-*

chen lassen. Was fehlte noch daran? Das Siegel. Ebenso, was fehlte noch an der Welt? Nichts als der Schabbat.“ Auch *Raschi* (Salomo ben Isaak, 1040–1105), der bedeutende mittelalterliche Kommentator der Hebräischen Bibel und des Babylonischen Talmuds, griff die Frage auf: *„Was hat der Welt jetzt noch gefehlt? Die Ruhe. Der Schabbat kam,* (und mit ihm) *kam die Ruhe,* (und mit ihr) *war fertig und abgeschlossen die Arbeit* (an der Schöpfung).*“*[6] Wie der Schöpfer sein Werk am siebenten Tag vollendet hat, so soll auch der Mensch am Schabbat von seiner Arbeit in der Woche, die er am sechsten Tag beendet hat, ausruhen.

b) Der Tag der *„Heiligung“*

„Gedenke des Schabbattages, ihn zu heiligen“ (Ex 20,8). Das Gebot vermittelt Juden eine innige Bedeutung. Denn bei dem hebräischen Wort für *„heiligen“* klingt für das geschulte Ohr der rabbinische Sprachgebrauch *„die Ehe schließen“* an, wie die aggadische Tradition vernehmen läßt: *„Der Schabbat der Schöpfung stand ohne Partner da. Der erste Tag der Woche verging mit dem zweiten, der dritte mit dem vierten und der fünfte mit dem sechsten. Aber der Schabbat hatte keinen Partner. Warum segnete Gott den Schabbat? Weil er keinen Tag zur Gesellschaft hat …“* Nach *R. Simeon b. Jochai* (um 150) sprach der Schabbat da vor Gott: *„Herr der Welten! Alle Tage haben einen Partner. Wie kommt es, daß ich keinen Partner habe? Gott entgegnete ihm: Die Gemeinde Israel wird dein Partner sein. Als dann die Israeliten vor dem Berg Sinai standen, sprach Gott zu ihnen: Gedenket des Wortes, das ich einst zum Schabbat sprach: Die Gemeinde Israel wird dein Partner sein. Daher heißt es: ‚Gedenke des Schabbattages, ihn zu heiligen‘* (das bedeutet: dich mit ihm zu vermählen).“[7] Die Weisen mahnten: *„Der Mensch wurde* (als letztes Geschöpf) *am Vorabend des Schabbat erschaffen.* (Warum?) *Damit er sofort zu einer gottgefälligen Handlung gehen“*[8], das heißt ein Gebot erfülle könne: den Schabbat heiligen.

Nach der rabbinischen Interpretation untersagt das biblische Arbeitsverbot (Ex 20,10) dem Menschen nicht jede Handlung am Schabbat, jedoch solche, für die er sein Denkvermögen einsetzen muß. Vom Werkverbot unberührt bleiben dagegen alle Fähigkeiten, die ihn mit dem Tier verbinden. Aber die Lebenserhaltung als Norm hebt auch sämtliche Schabbatgebote auf: *„Schon die Möglichkeit einer Lebensgefahr läßt den Schabbat zurücktreten."*[9] Die Zeit des Menschen soll nicht unterschiedslos in Arbeit und Mühe um den Unterhalt aufgehen. Der Mensch soll den Schabbat als den Tag der Ruhe und der Freiheit von der Arbeit genießen. Nichts Werktägliches soll ihn davon abhalten, sich unmittelbar Gott und seinen Mitmenschen zuzuwenden (Dtn 5,14f; Jes 58,13; 56,6f). Alles Streben und Ringen der Woche soll für einen Tag unterbrochen werden (Ex 16,23), damit der Mensch ungetrennt Gott angehören und sein geistig-seelisches Leben erneuern kann: *„Gott segnete den Schabbat mit dem Lichte des Antlitzes des Menschen und heiligte ihn auch dadurch; denn das Antlitz des Menschen an den Wochentagen ist ein anderes als am Schabbat."*[10] Gott schenkt dem Menschen am Schabbat eine *„besondere Seele"*[11]. Darum kann er diesen Tag besonnen und guter Dinge erleben, Atem schöpfen und sich erholen, auch spazierengehen; nur wandern und sich ermüden darf er nicht. Kranke soll er besuchen und eine angemessene Zeit dem Tora- und Kommentarstudium im Lehrhaus widmen, damit er den Willen Gottes ungestört bedenkt und Gewinn für sich selbst dadurch erwirbt.

c) Vorbereitung und Gestaltung

Die Frommen leben die ganze Woche auf den Schabbat hin und heben sich immer das Schönste und Beste für ihn auf; denn der Schabbat, der von Freitagabend bis Samstagabend währt, wird durch drei Mahlzeiten geehrt. Zu den Vorbereitungen auf den Schabbat zählt auch, daß man die Wohnung putzt und herrichtet, sich gründlich wäscht und frische Kleider anlegt. Das Vorbild der Rabbinen aus talmudischer Zeit gilt noch heute. Sie sprachen am *„Vorabend des Schabbat“* (d.i. Freitagabend): *„Kommt, wir wollen der Königin Schabbat entgegengehen!“* und empfingen den Schabbat mit dem Ruf: *„Komm, o Braut, komm, o Braut!“*[12]

Traditionell lebende Juden können auch in unserem Jahrhundert den Schabbat nicht genug ausschmücken, feiern, heiligen. Die Menschen stellen sich in jeder Hinsicht auf den Schabbat ein, hasten nicht und befassen sich nicht mehr mit geschäftlichen Gedanken und Alltagssorgen. Der Schabbat unterbricht nach sechs Arbeitstagen alles – Gewohnheiten, tägliche Pflichten, Anspannung. Die Beter haben gewissermaßen einen neuen Menschen angezogen, wenn sie zum Abendgebet in die Synagoge gehen. Sie ist heller erleuchtet als an anderen Abenden. Ausführlich und feierlich entfaltet sich das Abendgebet, mit dem die Gemeinde den Schabbat empfängt *(„Kabbalat Schabbat“).* Es hebt mit Psalmen an (Ps 95–99; 29), die der Gemeindebeauftragte und die Gemeinde im Wechsel vortragen. Daran schließt sich das synagogale Gedicht des Mystikers *Salomo ben Mose Ha-Levi Alkabez* (16. Jh.) an, das alle mit großer Innigkeit singen. Es stellt sinnbildlich die Einholung der Schabbatbraut dar. Bei den Worten: *„Tritt ein in Frieden …“* wenden sich die Versammelten dem Ausgang zu und verneigen sich, um den Schabbat wie einen lieben und verehrten Gast würdig zu empfangen. Danach und noch vor den Stammgebeten spricht die Gemeinde *„ein Psalmlied auf den Schabbattag“* (Ps 92), das nach rabbinischer Deutung *„in Zukunft gesungen werden soll an dem Tage, an dem völliger Schabbat und Ruhe ist im ewigen Leben“*[13].

„Schabbat Schalom – Schabbat-Frieden“ lautet der Gruß, mit dem die Beter nach der Kabbalat Schabbat aufeinander zugehen. Ihn wünschen sich auch die Familienglieder und alle Freunde, die sich um den festlich gedeckten Tisch zu Hause einfinden. Die Frau des Hauses hat vor Schabbatanfang zwei Kerzen angezündet, die auf die beiden Gebotsfassungen hinweisen, die eine auf *„Gedenke des Schabbattages“* (Ex 20,8), die andere auf *„Wahre den Schabbattag“* (Dtn

5,12). Sie spricht den Segensspruch über die Lichter im Gedenken des Lichts, mit dem Gott sein Schöpferwerk begann (Gen 1,3). Mit dem Anzünden der Kerze ist der Schabbat auch in diese Wohnung eingezogen. Mit der Benediktion hat die Frau Freude und Segen, Heiterkeit und Frieden, die der Schabbat bringt, auch in ihrer Familie willkommen geheißen. Nun segnen die Eltern ihre Kinder mit Handauflegung. Dann stimmen alle das Lied des Schabbatfriedens an: *„Schalom alechem ... – Friede mit euch, dienende Engel, Engel des Höchsten, die ihr kommt vom König der Könige, dem Heiligen, gesegnet sei er!“* Allein spricht der Mann das *„Lob auf die Frau“* (Prov 31,10–31), mit dem er ihr für die Mühe der Woche und für die Vorbereitung des Schabbat dankt. In den Ohren der Kinder und Gäste klingen die alten Worte an jedem Schabbatabend wie eine neue Liebeserklärung des Mannes zu seiner Frau.

Am Schabbat liegen zu jeder Mahlzeit zwei Brotlaibe auf dem Tisch, von einem Tuch bedeckt. Die zopfartig aus Weizenmehl gebackenen Schabbatbrote (*„Challot“*, Num 15,19f; Lev 7,13) machen auf die doppelte Tageszehrung des Manna aufmerksam, die den Israeliten in der Wüste am sechsten Tag gegeben wurde, damit sie am Ruhetag nicht zu arbeiten brauchten (Ex 16,22–26). Am Schabbatbeginn erheben sich alle zur feierlichsten Handlung des Abends. Der Mann des Hauses rezitiert die Bibelworte vom siebenten Weltschöpfungstag (Gen 1,31 Ende bis 2,3), spricht den Segen über einen vollen Becher Weins und preist Gott mit einem weiteren Lobspruch, der sein Schöpfungswerk, die Herausführung der Israeliten aus Ägypten und ihre Erwählung aus allen Völkern ins Gedächtnis ruft. Das ist der *Kiddusch,* die Heiligung des Schabbat. Auch die *„Unterscheidungs“*-Benediktion *(„Hawdala“)* am nächsten Tag, wenn der Schabbat sich seinem Ende zuneigt, wird über einen Becher, gefüllt mit Wein, gesprochen; sie bezeichnet die Absonderung des Schabbat von den einsetzenden Wochentagen. Denn der Schabbat *„hat etwas an sich von der Heiligkeit der kommenden Welt“*[14].

4. Das Jahr

a) Jahreszeiten und Geschichte

Das jüdische Kalenderjahr und die Feste richten sich nach der Erdumkreisung des Mondes und der Sonnenumkreisung der Erde. Dabei erhält die Monderneuerung den Vorzug (Ps 104,19). Jedoch spielt im Schaltjahr der Lauf der Erde um die Sonne eine Rolle: Dann schützt die Ergänzung um einen Monat die Verankerung der Feste im geregelten Wechsel der Jahreszeiten. Die Gestirne entbehren jeder Eigenmächtigkeit, die Zeit der Unabhängigkeit; der Schöpfer hat ihnen eine Funktion in seinem Plan zugewiesen (Gen 1,14). Daher sind die jüdischen Feste nicht allein in die Jahreszeiten-Folge eingebunden, sondern haften mit Gewicht an geschichtlichen Ereignissen. Nicht einmal die Auszeichnung des Mondes beschränkt sich auf den Einfluß, den die Bewegung des Himmelskörpers auf die Gliederung des Jahres ausübt. Die Tradition bedient sich darüber hinaus des zunehmenden, abnehmenden und sich erneuernden Mondes als eines Sinnbildes, das den Weg des jüdischen Volkes vor Gott veranschaulicht: *„Und dem Mond hat er befohlen, sich zu erneuern, als Krone der Verherrlichung für die vom Mutterschoß an Getragenen, die sich, wie er, dereinst erneuern und ihren Schöpfer verherrlichen werden ob der Herrlichkeit seines Reiches“*[15], heißt es im Segensspruch beim Anblick des Neumondes. Zwar hat die Feier des Neumondes ihre ursprüngliche Strenge (Jes 1,13f; Hos 2,13; Am 8,5; Esr 3,5; Neh 10,34) gegenüber der Wahrung des Schabbat verloren; für die Frommen aber hat der Neumond und Monatsanfang *(Rosch Chodesch)* seine zweifache Bedeutung behalten, die genaue Zeit der Feste bestimmen (Ex 12,2) und über dem Wachsen des Mondes – am Tag vor dem Monatsanfang fastend und betend – gewiß werden zu können, daß sich auch das eigene und das Leben des ganzen jüdischen Volkes stetig erneuert.

b) Feste und Bräuche

Nach der Hebräischen Bibel bringt nur ein Leben in Verpflichtung Früchte für die Menschheit hervor. Wie der einzelne mit seiner Verpflichtung umgeht, muß er vor Gott verantworten. Lebendiges Judentum wurzelt in den geschichtlichen Ereignissen, in denen Israel Gottes Gerechtigkeit und sein Erbarmen erfuhr. Sie begründen das Vertrauen in den Gott Israels und die Treue des jüdischen Volkes zum Gottesbund. Die Feste und Bräuche halten die Erinnerung daran wach. Sie zielen darauf, die Feiernden zur Annahme des Gebotes zu bewegen, dessen geschichtliche Herkunft sie vergegenwärtigen. Sie vermitteln und stärken Gefühle und Bewußtsein der Vollziehenden, der Gesamtheit Israels anzugehören. Die Würde, Juden zu sein, so lautet ihre Botschaft, ist freilich mit der Aufgabe verschmolzen, den Alltag nach dem Willen Gottes gemeinschaftsgemäß zu gestalten. Denn Fest und Brauch werden wahrhaftig erst vollendet, wenn die Menschen das Rechte zur rechten Zeit tun (Jes 1,10–17; Mi 6,6–8). Fest und Brauch bilden den Leib, der die Einheit zusammenhält, die Satzung und geschichtliches Geschehen in der Tora bilden. Die Bindung an beide soll der Jude leben. Die prägende Kraft der Feste und Bräuche wirkt noch bei Juden nach, die sich als *„nicht-religiös"* bezeichnen: Sie hilft ihnen, ein Wissen vom Judentum und von ihrer Zugehörigkeit zum jüdischen Volk zu bewahren.

Zum gemeinsamen Heiligtum zogen früher die Menschen aus ihren Stammesgebieten und Wohnorten an den drei Wallfahrtsfesten (Ex 23,17; 34,23; Dtn 16,16). Ihr Ansehen und ihr Antrieb schwanden auch nicht nach der Zerstörung des Zweiten Tempels; denn gemeinsam entfalten sie die Berufung des Gottesvolkes – das Fest der Errettung aus dem Sklavendienst *(Pessach)*, das Fest der Gabe der Tora (*Schawuot*/Wochenfest) und das Fest der Wanderung mit dem offenbarten Gotteswillen (*Sukkot*/Hüttenfest). Die Geschichte der Erwählung setzt mit der Rettung ein. Dieser Anfang ist zur Grundlegung des Volkes geworden. Darum füllt die

Herausführung aus der Knechtschaft zusammen mit der Schöpfung der Welt die Mahnung des Schabbat. Die Verbindung beider Motive wirft Licht auf die Befreiungstat: In ihr geschieht die Schöpfung des Volkes um der Weltschöpfung willen. Bereits am Schabbat selbst muß die Gemeinschaft der Erretteten die welterhaltenden Konsequenzen aus der eigenen Befreiung ziehen und beweisen, daß die Beachtung des Schabbattages sich einer Aufspaltung des Lebens in „religiöse" und „gewöhnliche" Bereiche widersetzt, vielmehr das religiöse mit dem sozialen Handeln eint. Sie trägt die Sorge um das Wohl der sozial schwachen und abhängigen Menschen, daß der Schabbat gerade für sie zum Tag der Erholung werde, *„damit ausruhe dein Knecht und deine Magd, dir gleich. Gedenke, daß du Knecht warst im Land Ägypten, daß … dein Gott dich von dort … herausgeführt hat; darum hat dir dein Gott geboten, den Schabbattag zu halten"* (Dtn 5,14f).

c) Schöpfung – Offenbarung – Erlösung

Auch an den Wochentagen stützt die tägliche Lesung der biblischen Abschnitte des *„Höre, Israel!"* das Gedächtnis der Betenden: Sie mündet in die Selbstvorstellung des Gottes Israels als seines Herausholers aus Ägypten (Num 15,41) und schließt mit einem Segensspruch, in dem die Gemeinde am Morgen dankbar eingesteht: *„Aus Ägypten hast du uns erlöst, Adonaj, unser Gott, und aus dem Sklavenhaus hast du uns befreit"* und am Abend bekennt: *„Er führte sein Volk Israel aus ihrer* (der Ägypter) *Mitte zu ewiger Freiheit"*.

Sinn und Zweck der Schöpfung der Welt ist, daß in ihr der Name des Schöpfers geheiligt und sein Wille getan werde. Auf diesen letzten Sinn und Zweck bezieht sich auch die Schöpfung des Volkes. Das Befreiungsfest markiert den Beginn. Die Zählung von sieben Wochen von seinem zweiten Tag an (Lev 23,15; Dtn 16,9) lenkt den Blick auf das mittlere der drei Wallfahrtsfeste: das *„Fest der* (sieben) *Wochen"* (Dtn 16,10.16). Es zeigt den nächsten Baustein in der Schöpfung des Volkes an: die Übergabe der Tora an die Befreiten. Die errettete und mit der offenbarten Weisung zum Leben ausgerüstete Schar tritt die Wanderung durch die Wüste an. Das letzte Fest des großen Festreigens erneuert Jahr für Jahr eine Woche lang die Erfahrung des jüdischen Volkes, während der Wüstenwanderung von Gott wunderbar erhalten worden zu sein. Sein Brauch, an sieben Tagen in Laubhütten zu wohnen, lehrt die jüdische Gemeinschaft, allein dem Schutz ihres Schöpfers und Herrn zu vertrauen und auf die Ruhe in Frieden und Sicherheit zu hoffen, die er ihr am Ende ihres beschwerlichen Weges durch die Jahrhunderte verleihen wird.

d) Auszugsfest (Pessach)

Wie die Geschichte der Begegnungen Gottes mit Israel das Land einbezieht, so geht die Schöpfung des Gottesvolkes nicht an den Früchten des erschaffenen und gesegneten Bodens vorüber. Die drei Wallfahrtsfeste haben trotz ihrer geschichtlichen Ausblicke niemals ihre „natürliche" Haftung abgestreift. Das Pessachfest findet im *„Ährenmonat"* (März/ April) statt: Juden essen sieben Tage Fladen aus neuem Korn ohne Sauerteig (*„Mazzot"*), ohne die Frucht der alten Ernte (Ex 23,15; 34,18; Lev 23,6.14), um den Neuanfang anzudeuten. Der erste und der siebente Tag sind Festtage, an denen nicht gearbeitet werden darf (Lev 23,7f; Num 28,18.25; Ex 12,16).

Das Mahl in der Pessachnacht trägt familiäre und pädagogische Züge. Hinter seiner *„Ordnung" („Seder")* steht die Absicht, der heranwachsenden Generation das historische Erbe zu vermitteln (Ex 13,8). Ihre Fragen sollen sich an den Bräuchen des Pessachmahls entzünden. Ein Knochen mit wenig gebratenem Fleisch daran erinnert an das Pessachlamm, das bis zur Tempelzerstörung zum Pessachmahl gehörte. Er liegt oben auf den drei Mazzot, die im Innern der *„Seder-Schüssel"* übereinandergelegt werden. Von ihnen weist die untere Mazza auf ganz Israel hin, die mittlere auf den Stamm Levi, der im Heiligtum diente und den Priestern unterstellt war, die obere auf Kohen, die Priesterschaft. Als zweites ursprüngliches Festsymbol nach den ungesäuerten Broten gibt es die bitteren Kräuter, die einst zum Fleisch des Pessachlamms gegessen wurden (Ex 12,8). Zeichenhaft begleiten hochgehobenes Ungesäuertes und Bitterkraut die Aussage: „*Und uns hat er von dort herausgeführt.*" Ein aus Äpfeln und Nüssen bereitetes Mus, das mit Wein bzw. Essig verdünnt wird, soll Ton und Lehm versinnbildlichen, die in Ägypten die Sklaven bei ihrer Arbeit verwendeten. In Salzwasser getauchte Petersilie macht auf die Gewürzpflanze Ysop aufmerksam (Ex 12,22). Ein gebratenes Ei symbolisiert das freiwillige Festopfer, nach manchen Erklärungen aber die Trauer um die Zerstörung Jerusalems. Alles wird zu den drei Mazzot in die Seder-Schüssel getan. Auch Wein steht auf dem Tisch.

Die Festerzählung *(Haggada für Pessach)* vom Auszug aus Ägypten entsprechend dem biblischen Gebot (Ex 13,7f) antwortet auf vier Kinderfragen. „*Warum unterscheidet sich diese Nacht von allen* (anderen) *Nächten?*" Aus dieser Grundfrage am Anfang des Vortrags aus der Haggada leiten sich vier Einzelfragen ab, die gewöhnlich der jüngste Teilnehmer stellt: Warum dürfen wir „*diese Nacht nur Ungesäuertes*" essen? Warum dürfen wir „*diese Nacht* (nur) *bittere Kräuter*" genießen? Warum müssen wir „*diese Nacht* (sogar) *zweimal*" unsere Speisen „*eintauchen*" – nämlich Petersilie oder Sellerie in Salzwasser oder Essig und Mazza in das Mus mit etwas Wein oder Essig? Warum essen „*wir alle diese Nacht hingelehnt*"? Die Fragen des jüngsten Familiengliedes, das dazu in der Lage ist, mahnen den Vater, den biblischen Auftrag zu erfüllen (Ex 13,14f) und „*dem Verständnis des Kindes angemessen*"[16] zu antworten. Während an jedem Festabend zwei Becher Weins getrunken werden – je einer nach der Heiligung des Festtages *(„Kiddusch")* und nach dem Tischgebet –, nimmt man am Seder-Abend zwei weitere hinzu, um die vier Aspekte der Erlösung Israels (Ex 6,6f) mit Freude sinnbildlich darzustellen.

Nachdem die Tischgemeinschaft den ersten der vier Becher getrunken und sich nach alter Übung rituell die Hände gereinigt hat, taucht man das Grünkraut, gewöhnlich Petersilie, in das Salzwasser und ißt davon. Der Mann des Hauses zerbricht die mittlere Mazza in zwei ungleiche Teile und verwahrt das größere Stück als „*Afikoman*"; es wird am Ende des Mahls unter die Tischgenossen verteilt als Mahnung, daß ein Jude nicht dem antiken Brauch der griechischen Welt folge und nach festlichem Gastmahl die Gemeinschaft im Stich lasse, um sich einer anderen anzuschließen. Das kleinere Fladenstück ist das Brot der Armut. Nun setzt die Erzählung ein. Der Rezitierende hebt die Seder-Schüssel empor und spricht laut: „*Dies ist das Brot des Elends, das gegessen haben unsere Väter im Land Ägypten. Wer hungrig ist, der komme und esse mit! Wer bedürftig ist, komme und feiere mit uns das Pessachfest! Dieses Jahr hier, kommendes Jahr in Jerusalem, dies Jahr noch Knechte, kommendes Jahr Freie!*" Nachdem der zweite Becher der Erlösung eingeschenkt worden ist und das Kind gefragt hat, gehen die Antworten auf die vier Fragen ein: Die ersten beiden Dinge – Mazza und Bitterkraut – stellen noch die Knechtschaft dar, aus der Gott sein Volk erlöste; dabei fehlte den aufbrechenden Israeliten die Zeit, ihren Teig gären zu lassen (Ex 12,39). Die letzten beiden – das Eintunken und das Anlehnen – sind Zeichen der Freiheit; sie veranschaulichen die Erzählung (Dtn 6,20–24; 26,5–9). Die „*Hallel*" genannten Psalmen 113–118 rahmen das Mahl. Die daran teilnehmen und erzählen, hören und feiern, sollen sich selbst so ansehen, als seien sie aus Ägypten herausgeführt worden.

e) Wochenfest (Schawuot)

Ein sieben Wochen währender Zeitraum verbindet miteinander die Gerstenernte am Anfang und die Weizenernte am Ende, das Pessach-Mazzen-Fest und das „*Fest der* (sieben) *Wochen*" (Schawuot). Im Unterschied zum Befreiungsfest im Frühling mit seinen zahlreichen zeichenhaften Handlungen schmücken das *„Wochenfest"* (Dtn 16,10.16), das *„Erntefreudenfest"* (Jes 9,2) im Mai bzw. Juni, an dem das Volk des Empfangs der göttlichen Willensoffenbarung in der Tora gedenkt (Ex 19), keine besonderen Symbole. Nach örtlichem Brauch bevorzugen manche milchige Speisen, weil sie *„Honig und Milch"* (Cant 4,11) als Gleichung auf die Tora beziehen: Ihr Grundsatz der Reinheit (Lev 16,19; Ez 36,23–25) fordert eine maßhaltende Lebensweise; sie äußert sich auch im (befristeten) Verzicht auf Fleischgenuß und in der Ernährung mit Molkereiprodukten (Gen 1,29, vgl. 9,3). Zwar fehlt dem Wochenfest ein vorgeschriebener Brauch; der Tag der Ruhe aber ist geboten, an dem man nicht arbeitet und den man mit Freude begeht. Jeder soll Muße haben, hörend, lernend und betend die Zeit der Übergabe der *„Weisung"* bzw. *„Lehre"* Gottes (Lev 10,11) zu bedenken. Fromme Juden widmen der Offenbarung der Tora am Vorabend des Festes eine Nacht des Lernens nach einer bestimmten Ordnung im Bet- oder Lehrhaus. Die Toravorlesung im Gottesdienst des ersten Festtages bezieht sich auf den Bericht von der Gotteserscheinung auf dem Sinai zur Verkündung des *„Zehnworts"* (Dekalog: Ex 19f).

f) Laubhüttenfest (Sukkot)

Öffentliche Feiern und festliche Umzüge zeichnen das Laubhüttenfest (September/Oktober) aus. Der zentrale Brauch, der dem Fest auch den Namen verlieh, reicht von biblischer Zeit bis in die Gegenwart (Lev 23,42). Die Laubhütte *(„Sukka")* muß so gedeckt sein, daß sie mehr Schatten als Zwischenräume für den Lichteinfall bietet, aber nicht gegen starken Regen abschirmt. Ihre Wände dürfen aus jedem Material bestehen, müssen jedoch mäßigem Wind widerstehen. Drei Wände reichen für eine viereckige Hütte aus, weil man die offene Seite als Eingang betrachtet. Der siebentägige Aufenthalt in der Sukka schließt das Schlafen und Essen ein. Jedoch sind Frauen, Minderjährige, Kranke und Menschen, die ein gutes Werk verrichten, von der Pflicht befreit, in Laubhütten zu wohnen. Eine andere Satzung für das Hüttenfest verlangt, den *„Feststrauß“ („Lulaw“)* zu schütteln. Er besteht aus *„vier Arten“*: einer Zitrusfrucht *(„Etrog“)* und drei Zweigarten, die mit trockenen Palmblattstreifen zusammengebunden sind; in ihrer Mitte befindet sich ein Palmzweig *(„Lulaw“)*, rechts davon sind drei Myrtenzweige und links zwei Bachweiden. An jedem der acht Tage von Sukkot, außer am Schabbat, nimmt man den Feststrauß in die Hand und spricht über ihn einen Segensspruch. In der Synagoge schwingen die Beter den Lulaw beim Hallel-Gesang. Sie schütteln ihn zuerst nach Osten, dann nach Süden, Westen, Norden, nach oben und nach unten. Darin drückt sich die Freude der Betenden aus, glücklich aus dem Gericht des Neujahrs- und Versöhnungsfestes hervorgegangen zu sein. Diese beiden ernsten Feste gehen dem letzten der Wallfahrtsfeste anläßlich der Obst- und Weinlese im Herbst voraus.

g) Neujahrsfest (Rosch Ha-Schana)

Als charakteristisches äußeres Merkmal gehört zum Gottesdienst am Neujahrsfest (September/Oktober) das *„Schmettern“* (Lev 23,24; Num 29,1) des Widderhorns *(„Schofar“)*; erstmals erwähnt es der Bericht von der Gottesoffenbarung am Sinai (Ex 19,16). Am *„Anfang des Jahres“ („Rosch Ha-Schana“)* empfinden Juden das gebrochene Stöhnen und das anhaltende Wimmern des Schofarblasens als aufrüttelnden Ruf Gottes zur Umkehr. Einen ganzen Monat vor dem Feiertag des Jahresanfangs beginnt mit dem Schofarblasen die Aufforderung an die Menschen, sich auf die Umkehr vorzubereiten. Das Alarmsignal kündigt den Jahresanfang als Gerichtstag an. Israel begegnete in seiner Geschichte Gott als dem *„Richter der ganzen Erde“* (Gen 18,25), *„der Ansehen nicht gelten läßt“* (Dtn 10,17), *„der das Herz ergründet, der die Nieren prüft, jedem zu geben nach seinem Weg“* (Jer 17,10). Auf diesem biblischen Grund erinnerten die Rabbinen an die Verantwortung, die jeder Mensch für sein Leben, für sein Tun und Unterlassen vor Gott trägt. Sie lehrten die Gott-Mensch-Wechselbeziehung nicht als geistiges Geschehen in der geheimen menschlichen Innerlichkeit; vielmehr ermutigten sie die Menschen, das Handeln Gottes in der Geschichte der Gemeinschaft und des einzelnen als die Chance für sich zu ergreifen, sich in Zeit und Raum zu bewähren.

Als Tag des Gerichts für die Menschheit begründet die Liturgie das Neujahrsfest vom Schöpferhandeln Gottes her: *„Dies ist der Tag des Anfangs deiner Werke, eine Erinnerung an den ersten Tag … und die Geschöpfe werden an ihm geprüft, ihrer zum Leben oder zum Tode zu gedenken … Die Erinnerung jedes Gebildes kommt vor dich, das Werk eines jeden und seine Prüfung …“* Der Schöpfer aller Menschen fordert auch von allen Rechenschaft. Die jährliche Wiederkehr rückt den Tag des Gerichts aus der Ferne des zukünftigen Gotteshandelns in das Bewußtsein der Lebenden. Alle Völker werden geprüft und gerichtet zu jeder Zeit; sie müssen durch ihr Tun beweisen, ob sie sich dem Willen des Weltenrichters beugen (Jes 43,9).

Am ersten Abend von Rosch Ha-Schana grüßen Juden ihre Freunde: *„Mögest du (möget ihr) zu einem glücklichen Jahr (in das Buch des Lebens) eingeschrieben werden!“* Nach dem Gottesdienst in der Synagoge setzt man sich daheim an den Tisch und ißt nach dem Segensspruch zuerst ein Stückchen von einem in Honig getauchten Apfel und spricht: *„Möge es dein Wille sein, Adonaj, unser Gott und Gott unserer Väter, uns ein glückliches und angenehmes Jahr zu erneuern!“* Mit diesem Wunsch hängt in manchen Gebieten die Sitte zusammen, keine sauren und bitteren Speisen aufzutragen.

h) Versöhnungstag (Jom Kippur)

Das Neujahrsfest mit seinen Symbolen und die sich anschließenden zehn *„ehrfurchtsgebietenden Tage“* mit ihrer Lehre von der Umkehr führen die jüdische Gesamtheit dem *„Tag der Versöhnungen"* oder wörtlich und plastisch *„Tag der Bedeckungen"* (*„Jom Ha-Kippurim"*) entgegen (Lev 23,26–32; Num 29,7–11). Das Ritual dieses Festtages (Lev 16,2–34) läßt eine verwickelte Vorgeschichte ahnen. Am Ende der Entwicklung erscheint ein allgemeiner Tag der Umkehr; er hat das alte Sündenbockmotiv aufgenommen, jedoch umgewandelt: Im Namen von ganz Israel bekannte der Hohepriester die Sünden und legte sie auf den durch Losverfahren ermittelten Bock, der in die Wüste zu schicken war. Das Ritual schrieb allein Gott die wirksame Übertragung der Sünden des Volkes und der daraus folgenden Sühne zu. Nach der Zerstörung des Zweiten Tempels wurde das Sündenbekenntnis das Rückgrat des ganzen Gottesdienstes am Versöhnungstag. Die in der Synagoge versammelte Gemeinde und jeder einzelne in ihr spricht es: *„Wir haben uns verschuldet. Wir waren treulos ... Wir sind in die Irre gegangen. Wir haben in die Irre geführt. Wir sind von deinen Geboten gewichen und von deinen guten Rechtssatzungen. Doch es hat uns keinen Nutzen gebracht. Du aber bist gerecht in allem, was über uns kommt. Ja, Wahrheit hast du geübt; aber wir haben gefrevelt."* Gott versöhnt. Aber Versöhnung mit Gott und das liebevolle Verhalten gegenüber den Mitmenschen hängen voneinander ab. Niemand erfährt die Kraft der Versöhnung Gottes, der sich nicht zum Nächsten hinwendet.

Gottes gebietende Gerechtigkeit und seine gewährende Liebe hat in der Geschichte des jüdischen Volkes Spuren eingegraben. Die mannigfachen Bräuche und Vorschriften für den Vorabend und den Versöhnungstag selbst verleiblichen beide Handlungsweisen. Juden fasten von Abend zu Abend, indem sie sich aller Speisen und Getränke enthalten; sie stellen jede Werktätigkeit ein und verzichten auf die gewohnte Hygiene und auf besondere Kleidung. Auf Filzpantoffeln geht man einher, um Demut anzudeuten. In jedem Haus brennt den ganzen Versöhnungstag über eine große Kerze, weil an diesem Tag das Licht nicht verlöschen darf. Die Beter am *„Tag der Bedeckungen* (der Sünden)" vertrauen darauf, daß der eifervolle, ahndende Gott nie aufhört, der liebende Gott zu sein. Darum wird zu den verschiedenen Gebetszeiten von Jom Kippur immer wieder Gottes versöhnende Antwort rezitiert: *„Ich habe vergeben."* In der befreienden Versöhnung sucht der Fromme den Halt seines Lebens: *„Du reichst die Hand den Sündern, und deine Hand ist ausgestreckt, aufzunehmen die Rückkehrer."* Im *Ne'ila*-Gebet am Schluß des Versöhnungstages birgt sich der flehende Mensch bei dem gegenwärtigen barmherzigen Gott. Wer sich von Gott abgekehrt hatte, soll umkehren (Jes 55,7), um wieder rein zu werden (Lev 16,30). Aber niemand macht sich zur Umkehr auf, dem nicht Gottes vergebende Liebe schon entgegenkäme: *„Wer sich reinigen will, dem steht man* (d. h. Gott) *bei."*[17]

i) Chanukka-Fest

Der jüdische Festkalender unterscheidet zwischen dem wöchentlich gefeierten Schabbat und dem monatlichen Neumond, den drei Wallfahrts- und Erntefesten im Frühling, im Sommer und im Herbst (Pessach, Schawuot und Sukkot), dem Schlußfest, das sich an das Laubhüttenfest anschließt und dessen zweiter Tag in der Diaspora als Fest der *„Torafreude" (Simchat Tora)* gefeiert wird, den hohen Feiertagen (Rosch Ha-Schana und Jom Ha-Kippurim) sowie den *„zehn Tagen der Umkehr"*, die das Neujahrsfest und den Versöhnungstag miteinander verbinden. In der Ära des Zweiten Tempels trat das Chanukka-Fest neu hinzu.

Diesem nachbiblischen Fest fehlen die für die *„Vollfeiertage"* typischen Arbeitseinschränkungen und feierlichen Mahlzeiten. Jedes zur Ernährung nötige Werk ist an ihm erlaubt. Es zählt zu den Halbfeiertagen und erfreut sich allgemeiner Beliebtheit. Es erinnert an die erste Religionsverfolgung in der Geschichte des jüdischen Volkes und an jenen Tag im Dezember des Jahres 164 v. Chr., an dem der Tempelgottesdienst wieder aufgenommen wurde. Die Rabbinen haben Frauen und Männer verpflichtet, an den acht aufeinanderfolgenden Tagen des „*Weihefestes*" („*Chanukka*") jeweils ein weiteres Licht anzuzünden. Der Hymnus, der nach dem Anzünden des ersten Lichtes gesprochen wird, bettet diese Norm in ihren Zusammenhang ein: „*Diese Lichter zünden wir an ob der Wunder und ob der Siege und ob der Wundertaten, die du für unsere Väter durch deine heiligen Priester ausgeführt hast. Und alle acht Tage von Chanukka hindurch sind diese Lichter heilig, und es ist uns nicht erlaubt, uns ihrer zu bedienen, sondern nur, sie anzuschauen, um deinem Namen zu danken für deine Wunder, für deine Hilfe und für deine Wundertaten.*" In der Familie und in der Synagoge zündet man die Chanukka-Lichter an. In der Synagoge wird dazu gewöhnlich die *Menora* (Ex 25,31ff; Num 8,4) verwendet. Dem biblischen Vorbild aus dem „*Zelt der Begegnung*" und dem Tempel nachempfunden, stellt sie in achtarmiger Gestalt den Leuchter für das Chanukka-Fest dar; neben den acht Näpfchen oder Kerzenhaltern ragt ein neunter heraus, der „*Diener*" *(„Schammasch")*; mit seiner Kerze werden die Chanukka-Lichter entzündet.

j) Purim-Fest

Das jüdische Volk ist aus der Gefahr errettet worden, seine durch die Tora geprägte geistige und sittliche Eigenart zu verlieren. Die Feier des Chanukka-Festes (im Dezember) bewahrt das Gedächtnis daran. Das Purim-Fest (im Februar bzw. März) läßt das Wissen im jüdischen Volk nicht verlorengehen, daß es den Anschlag der Feinde auf seine physische Existenz glücklich hatte abwehren können. An Chanukka feiert die jüdische Gemeinschaft die Erhaltung des Erwählungsauftrags, „*aus allen Völkern ein Sondergut*", „*ein heiliges Volk*" für Gott zu werden (Ex 19,5f; vgl. Lev 19,2); zu Purim erfreut sie sich der Erhaltung des Lebens. Auf diesen Unterschied zwischen beiden aufeinanderfolgenden Festen macht schon äußerlich die Länge des Chanukka-Festes aufmerksam, die es von dem kurzen Purim-Fest abhebt.

Auch die liturgische Gestaltung von Purim zeigt deutlich eine Abstufung. Es ist zwar nur ein kleines Fest, an dem zu arbeiten erlaubt ist; aber es ist eingerichtet worden, damit sich die Juden an ihm stets freuen, miteinander essen und feiern im Gedenken an jene Tage, an denen ihre Vorfahren Ruhe vor ihren Feinden gewannen. Dies findet seinen besonderen Ausdruck im „*Geschenkeschicken*" und in unbedingter Wohltätigkeit (Est 9,19.22). Die alte Übung, jährlich aus einer besonderen Rolle vorzulesen, die nur das Buch Esther enthält, soll das jüdische Volk davor schützen, die Gefahren für sein Leben zu vergessen, die jederzeit von seinen Feinden ausgehen können. Den Namen des Festes „*Purim*" deutet die biblische Erzählung als „*Loswerfen*" (Est 9,24). Dadurch wollte Hamann den Monat ermitteln, in dem das Gemetzel an den Juden stattfinden sollte (Est 3,7). Vielleicht aber ist die Pluralform „*Purim*" auf die „*Anteile*" bei der gegenseitigen Beschenkung zu beziehen. Dann würde der Name den seit alters gepflegten Brauch beleuchten: „*Sendung von Anteilen aneinander und von Gaben an die Bedürftigen*" (Est 9,22; vgl. V.19).

Das Fest beginnt – wie jeder Tag nach biblischem Zeitverständnis – mit dem Vorabend. Zuvor fastet die jüdische Gemeinschaft (Est 9,31) an dem Tag, an dem sie in Trauer der Opfer auf der Seite ihrer Feinde gedenkt. In Bitten um Verzeihung der Sünden und im Vortrag jener Abschnitte aus der Tora, die an Fastentagen verlesen werden (Ex 32,11–14; 34,1–10), aktualisiert sie ihre geschichtliche Erfahrung, daß Gott jeden Bedrängten sieht und hört, der sich durch Fasten vorbereitet, mit ganzem Herzen zu Gott zurückzukehren. Während der Tag, an dem der Feind besiegt worden ist (Est 9,1.11.16f), in Trauer und Fasten vollzogen wird, darf mit Eintritt des Abends die Freude des Purim-Festes ausbrechen – nicht über den Sieg, sondern über die gewonnene Ruhe und den wiedererlangten Frieden (Est 9,17.22). Die Menschen belustigen sich an Spiel und Gesang, verkleiden sich wie Christen beim Karneval und steigern ihre Freude bis zum Rausch. Sie ahmen scherzhaft die talmudische Diskussionsmethode nach, mit logischen Argumenten und mit Sprüchen früherer Gelehrter eine Meinung zu beweisen und mit dialektischer Schärfe die Widersprüche in einer anderen aufzudecken oder auszugleichen: Humorvoll verpflichtet die im 14. Jh. in Rom entstandene „Purimtora“ die Feiernden, Wein statt Wasser zu trinken.

5. Die Familie

a) Der ursprüngliche Lebensbereich

Die *Familie* genießt im Judentum hohes Ansehen. Denn sie ist der natürliche Lebensbereich, in dem Menschen zuerst lernen, den Weg Gottes zu wahren, im täglichen Miteinander Gerechtigkeit und Recht zu schaffen und Liebe zu üben (Gen 18,19; Mi 6,8). Auch um die religiösen Vorschriften zu beachten und sie der nächsten Generation zu vermitteln, die Reinheits- und Speisegesetze, die Satzungen für Schabbat- und Festtage sowie die Bräuche zu halten, ist die Familie der ursprüngliche Lebenskreis. Vom Standpunkt der Überlieferung her *„heiligt“* die Beziehung zu Gott und zu seinem Willen die Verbindung von Mann und Frau, ebenso auch das Verhältnis zwischen Eltern und Kindern: Gott vereinigt das erste biblische Menschenpaar (Gen 2,18–24). Mit der Geburt des ersten Kindes in der Menschheitsgeschichte der Bibel verbindet sich die Erfahrung, daß Gott selbst Vater und Mutter an seiner Erschaffung beteiligt habe.[18] Die Hebräische Bibel verweist auf die lebendigen Beziehungen zwischen einem Mann und einer Frau, zwischen Eltern und Kindern, Vater und Sohn, um das rechte Gottesverhältnis zu klären.[19] Die sich in solcher Darstellung des Bundes Gottes mit Israel zu Wort meldende Innigkeit, Verletzbarkeit und Heiligkeit haben die Auffassungen im Judentum von Liebe, Ehe und Kindschaft geprägt.

b) Die Ehe

Nur Mann und Frau gemeinsam verdienen die Rangbezeichnung *„Mensch“* (Gen 1,27). Ihre persönliche Bindung in gegenseitiger Liebe und in Vertrauen nimmt in der *Ehe* Gestalt an (Gen 1,28). Der Staat Israel ordnet sie als eine religiöse Einrichtung, erkennt jedoch die zivilrechtliche Eheschließung im Ausland an. Die rabbinische Literatur bejaht die Ehe als die Lebensform, die jedem radikal-asketischen Ideal widerspricht und zugleich eine verantwortungsvolle Geschlechtlichkeit verlangt. Schon die biblische Sexualethik hatte das erwählte Volk in einen schroffen Gegensatz zu den Sitten der Völker gestellt (Lev 18,3.30; Dtn 18,9). Die Rabbinen bauten sie zu einem dichten Schutzwall um das jüdische Dasein aus. Die Verbote sollen in zweifacher Richtung wirken: Die jüdische Gemeinschaft soll mit ihrer Hilfe um des weltgeschichtlichen Auftrags willen überleben; der gleichgeschlechtliche und der geschlechtliche Umgang mit Tieren würde ihr Bestehen gefährden. Die rabbinischen Sexualvorschriften tragen dazu bei, Konflikte in der eigenen und in der Ehe und Familie anderer zu vermeiden; sie festigen dadurch den Schalom in den sozialen Beziehungen.

Die traditionelle Form der *Eheschließung* umfaßt Vorbesprechungen, Verlöbnis und Heirat. Der Umfang der Mitgift, der Termin der Hochzeit und die Erwerbshandlung werden bei dem ersten Schritt vereinbart. Die beiden folgenden fallen erst seit dem Mittelalter zeitlich zusammen: Die Verlobung geschieht vor zwei Zeugen mit der sogenannten Antrauung, der *„Heiligung“* bzw. *„heiligenden Bestimmung“*. Dabei wird gewöhnlich ein Wertgegenstand oder eine Urkunde überreicht. Der Mann gibt der Frau den Ehering und spricht die Antrauungsformel. Darauf werden der Segen über den Wein und der Verlobungssegen in Anwesenheit von mindestens zehn Betern (Minjan) vorgetragen. Sie müssen auch dem letzten Akt beiwohnen, wenn die sechs Hochzeitssegen gesprochen und der Ehevertrag

(Ketubba) verlesen werden. Diese Zeremonie findet unter dem Hochzeitsbaldachin *(Chuppa)* statt. Sie bestätigt und versinnbildlicht das Zusammenleben von Mann und Frau. Viele Bräuche schmücken das Freudenfest der Verheiratung aus. In manchen Gegenden werden Hopfenblüten auf das Haupt der Braut gestreut oder Weizenkörner, Fische, Milch und Honig als Zeichen der Fruchtbarkeit gezeigt. Die Braut kann ihre Zuneigung dadurch ausdrücken, daß sie dreimal oder siebenmal um den Bräutigam herumgeht. Er zertritt ein Glas, so daß der Klang ertönt, wenn es zerbricht: Auch über ihrer Freude sollen Braut und Bräutigam nicht das Geschick des jüdischen Volkes vergessen, das Jerusalem und dem Exil anhaftet (Ps 137,5f). Die Handlung unterstreicht das göttliche Versprechen im letzten Segensspruch, daß dereinst auch im verwüsteten Jerusalem der Jubel von Bräutigam und Braut erklingen werde (Jer 33,10f).

Die der Realität gegenüber aufgeschlossene jüdische Tradition gestattet die *Ehescheidung* (Dtn 24,1). Der konkrete Lebensschutz (Lev 18,5; 19,16) bedeutet ihr mehr als der grundsätzliche Anspruch. Dennoch bleibt vor Gott die Scheidung verhaßt. Der Bund zwischen Mann und Frau wurde vor Gott als Zeugen geschlossen; er darf nicht leichtfertig gelöst werden (Mal 2,14–16). Das talmudisch-rabbinische Recht hat die Frau im Scheidungsverfahren dem Mann gleichgestellt. Sie wird nicht gezwungen, mit einem Mann gegen ihre Neigung in ehelicher Gemeinschaft zu leben. Sie darf daher unter bestimmten Bedingungen ebenso die Scheidung fordern, wie sie der Mann durchführen kann. Bereits im 1. Jh. v. Chr. hoben die Rabbinen die gesellschaftliche und wirtschaftliche Stellung der Frau durch die Eheverschreibung an. Sie verordneten sie, um die Ehescheidung zu erschweren; denn der Mann muß in ihr versichern, daß er mit seinem ganzen Vermögen für die Ketubba der Frau hafte. In den verschiedenen Zeiten erweiterten Gemeindeordnungen das talmudisch-rabbinische Familienrecht und erneuerten es auf Grund der veränderten Verhältnisse.

Die Eheleute selbst sind für die Familienplanung verantwortlich. Sie erfüllen den Zweck ihres Ehe- und Geschlechtslebens durchaus nicht mit der leiblichen Fortpflanzung, sondern genießen ihre Liebesbeziehung auch als ihren geschöpflichen Anteil am Leben. Durch ihre teilweise, aber regelmäßige geschlechtliche Enthaltsamkeit beugen sich die Eheleute unter Gottes Gebot (Lev 15,19–24; 18,19; 20,18; 12,1–5). Sie „*heiligen*" dadurch ihre Beziehung und bereichern ihre Liebe durch Erwartung und Neubeginn.

c) Eltern und Kinder

Als *Eltern* ist den Eheleuten aufgetragen, für die körperliche und geistige Entwicklung ihrer Kinder zu sorgen (Jes 49,15; 66,13; Ps 103,13). Es ist ureigene Aufgabe der Eltern im Judentum, die Kinder zu erziehen und zu unterrichten (Dtn 6,7), sie religiös und sittlich heranzubilden und sie auf einen Beruf vorzubereiten (Prov 3,12; 22,6). Die natürliche und sittliche Verknüpfung zwischen den Generationen verlangt ein Echo auf den elterlichen Einsatz in der *Ehrung* von Vater und Mutter. Zuneigung, auch zwischen Kindern und Eltern, unterliegt nicht willentlichem Einfluß. Deshalb kennt auch die Bibel kein Gebot, die Eltern zu lieben. Dagegen erinnert ihre Satzung, sie zu ehren, die Kinder daran, daß sie im Land der Verheißung nur Bestand haben, wenn sie den Eltern ihren Platz in der Gemeinschaft nicht streitig machen (Ex 20,12; Dtn 5,16). Das rabbinische Judentum betont die sittliche Zugehörigkeit der Generationen durch das „*Verdienst der Väter*", das die Kinder anerkennen und um dessen Unterstützung sie für das eigene Leben bitten. Der ehrende Umgang mit den Eltern erwirbt den Kindern die Gegenwart Gottes. Doch darf das von den Nachkommen geforderte gehorsame und dankbare Verhalten gegen die Eltern das sittlich Erlaubte nicht überschreiten. Denn die elterliche Autorität ist deutlich durch die Gebote begrenzt, die Eltern wie Kindern gleichermaßen Weg und Richtung weisen.

Die Bestimmungen über das Verhalten der Kinder gegenüber den Eltern behandeln Frauen und Männer gleich (Lev

19,3; 21,2; Ex 21,15.17; Dtn 27,16), ebenso die Vorschriften über Schabbat und Festfeier (Ex 31,13.17; 23,14ff; Dtn 16). Was die jüdische *Frau* und Mutter in der Familie leistet, wird in der Literatur stark beachtet. Ihr Vorbild wirkt nachhaltig auf alle Familienglieder (Prov 18,22; 19,14; 31,10–31). Im Talmud begegnet sie als Beraterin, Erzieherin und als Gelehrte. Wenn die Quellen die Bedeutung der Kinderfragen unterstreichen, dann beleuchten sie auch das Werk von Frauen, das sie hervorruft (Prov 1,8). Denn über den Handlungsvorbereitungen und -vorgängen am Familientisch fangen die Heranwachsenden an, sich nach den Bräuchen und Vorschriften zu erkundigen. Nur wenn Mütter und Väter aus einem gelebten religiösen Leben heraus antworten, verstummt das Gespräch mit den Kindern nicht.

d) Speisevorschriften

Zumeist obliegt es der Frau, daß die Speisegesetze durchgeführt werden und alle Nahrungsmittel rituell tauglich (kascher; jidd. *koscher*) sind; damit gelangt der Grundsatz der *„Reinheit“* (Lev 16,19; Ez 36,23–25), der rituellen Tauglichkeit *(Kaschrut)*, zur Geltung. Sie muß *„zwischen dem eßbaren Lebendigen“* und den nicht-genießbaren Lebewesen unterscheiden (Lev 11,43–47) und sich vor dem Kauf vergewissern, ob die zur Nahrung erlaubten Säugetiere und Vögel vorschriftsmäßig geschlachtet wurden (Dtn 12,20f). Das vorgeschriebene Schlachten *(Schächten)* verlangt vom Schlächter eine sehr genaue Vorgehensweise, um dem Tier Qualen zu ersparen: Der Halsschnitt muß blitzschnell in einem Zug mittels eines haarscharfen, schartenfreien Messers erfolgen. Dabei werden die Weichteile bis zur Wirbelsäule durchschnitten.[20] Durch den Nervenschock sowie durch die plötzliche Stockung der Blutzufuhr zum Gehirn tritt beim Tier augenblicklich Bewußtlosigkeit ein. Zahlreiche nichtjüdische Wissenschaftler haben die Vorwürfe zurückgewiesen, die Tiere würden durch den Schächtvorgang grausam gequält. Im Strafrechtsausschuß des Reichstages wurde am

18.2.1930 nach einem Gutachten des Reichsgesundheitsamtes der Beschluß gefaßt, nach dem das Schächten nicht als Tierquälerei anzusehen sei.[21]

Bei der Bereitung der Speisen ist das *Verbot des Blutgenusses* zu berücksichtigen (Lev 3,17,vgl. 17,11) und darauf zu achten, daß Käse und Fleisch nacheinander aufgetragen und nacheinander, keinesfalls zusammen, gegessen werden. Die dreimalige Wiederholung der Satzung: *„Koche nicht ein Böcklein in der Milch seiner Mutter"* (Ex 23,19; 34,26; Dtn 14,21) deutet nämlich nach der Tradition auch auf ein dreifaches Verbot hin: Fleisch in Milch zu kochen, das Zusammengekochte zu genießen und es zu irgendeinem anderen Gebrauch zu verwenden. Die ausgeschlossene Mischung von Fleisch und Milch macht es notwendig, besondere *„fleischige"* und *„milchige"* Töpfe, Teller und Bestecke voneinander zu trennen, gesondert zu säubern und aufzubewahren. Für andere Speisen, wie Fische, Eier etc., wird außerdem weiteres *„neutrales"* Geschirr benötigt.

e) Das Verhältnis von Männern und Frauen

Trotz der herausragenden Stellung der Frau im Haus ist die traditionelle Familie patriarchalisch strukturiert. Auch stören Ungleichgewichte die Rechtsstellung der Frau im toratreuen Judentum: Ihr Zeugnis auf religiösen Dokumenten ist unzulässig; auch darf sie keinem Rabbinatsgericht angehören. Jedoch verbot das Oberste Gericht des Staates Israel 1988 in einem Aufsehen erregenden Urteil, Frauen von der Mitgliedschaft der „religiösen Räte" auszuschließen. Dabei handelt es sich um städtische Gremien, die für die religiösen Bedürfnisse der Bürger sorgen. Das orthodoxe Rabbinat kritisierte scharf diesen höchstrichterlichen Entscheid. In der Gegenwart fördern Beschlüsse des Oberrabbinats die Entrechtung der Frau im Staat Israel: Sie ermöglichen Männern in Ausnahmefällen eine Zweitehe, während sie verlassenen, aber nicht geschiedenen Frauen keine Gelegenheit geben, noch einmal heiraten zu können. Bereits die biblische Überlieferung bewahrt das Verlangen von Frauen nach gerechter und gleichberechtigter Behandlung, als die Gesellschaft sie ihnen vorenthielt (Num 27,1–11; II Reg 4,1–13). Die rabbinische Auslegung in talmudischer Zeit verlieh der Forderung der Frauen aus aktuellem Anlaß eine eigene Stimme: „*Wo wir wie Söhne angesehen werden, so wollen wir auch wie Söhne erben!*" Den hier formulierten Grundsatz der Gleichberechtigung ließ sie obendrein vom göttlichen Wort bekräftigen: „*Die Töchter Zelofchads haben Recht, denn der Heilige, gesegnet sei er, stimmte mit ihrer Rede überein.*"[22] Frauen, die der Tradition ihre Achtung entgegenbringen und ihre rechtliche Gleichstellung einklagen, identifizieren sich mit ihren Schwestern in der Vergangenheit, die Gott priesen, der die Menschen liebt und die Männer dabei nicht bevorrechtigt: „*Gottes Liebe ist nicht gleich der Liebe eines sterblichen Vaters, der seine Söhne seinen Töchtern vorzieht; er, der die Welt geschaffen hat, erstreckt seine Liebe auf alle seine Kinder. Seine liebende Barmherzigkeit gehört allen seinen Werken.*"[23]

f) Zusammenhalt der Familie

Traditionelle Bildung, Erziehung und Frömmigkeit, aber auch die Erfahrungen einer Minderheit in oft feindlicher Umwelt in der Diaspora ließen im Judentum den Zusammenhalt der Familie entstehen. Aus dem Schutz und der Geborgenheit, die Menschen in ihr fanden, wuchs das innige Familiengefühl, das im Judentum verbreitet ist. Aber der neuzeitliche Subjektivismus und das Streben nach Selbständigkeit haben auch an jüdischen Familien ihre Spuren hinterlassen. Wo immer sich Juden an die europäische und amerikanische Zivilisation angleichen, entfremden sie sich ihrer Überlieferung, verliert die Familie ihren Wert. Auf der anderen Seite strahlt die Lern- und Lebensdisziplin orthodoxer Gemeinschaften gerade auf viele junge Menschen ihre Anziehungskraft aus, die in der säkularen Gesellschaft Geborgenheit, persönliche Kontakte mit Lehrern und Studienkollegen sowie leibliche und geistige Fürsorge vergeblich suchen.

g) Beschneidung und Namensgebung

Die *Beschneidung* weist neben dem Schabbat die jüdische Gemeinschaft sinnfällig als das Volk aus, mit dem der Gott Israels seinen Bund geschlossen hat. Sie beruht auf dem Gebot Gottes an Abraham, Israels Stammvater, allen männlichen Nachkommen am achten Tag nach der Geburt die Vorhaut des Glieds zu entfernen *„zum Zeichen des Bundes zwischen mir und euch“* (Gen 17,1–4.10–14). Sie heißt daher *„Bund der Beschneidung“ (Brit Mila)* und macht zugleich auch auf den ethischen Anspruch des Bundes aufmerksam: Vernunft und Wille des Menschen sollen seine Leidenschaften kontrollieren und beherrschen und zur rechten Gebotserfüllung lenken. Darum müssen die Triebe des Herzens *„beschnitten“* werden, damit sie sich zum Guten entfalten. Im biblischen und nachbiblischen jüdischen Schrifttum erscheint daher die Beschneidung auch als Symbol für die Herzens-*“Beschneidung“* (Dtn 10,16; 30,6; Lev 26,41; Ez 44,7.9) und das Streben nach sittlicher Vollkommenheit.

Wenn der Gesundheitszustand des Kindes keinen Aufschub verlangt, wird die Beschneidung an einem jüdischen Jungen am achten Tag nach der Geburt, auch an einem Schabbat oder Feiertag, vorgenommen; sie schließt die Namensgebung ein. Nach der Beschneidungshandlung spricht der Vater des Jungen einen Segensspruch. Ein Festmahl schließt sich an. Die Aufnahme eines Nichtjuden in das Judentum (Proselyt) setzt die Beschneidung voraus.

h) Die *„Auslösung des erstgeborenen Sohnes“*

Der erstgeborene Sohn einer Frau muß dreißig Tage nach seiner Geburt *„ausgelöst“* werden. Das biblische Gebot (Ex 13,13) hält das Bewußtsein wach, daß alles Erstgeborene Gott gehört (V.2). An ihm haftet das Gedenken an die Herausführung aus Ägypten und die Verschonung der Erstgeborenen Israels (V.14f). Es ist Brauch, aus Anlaß der *„Auslösung des erstgeborenen Sohnes“* (*„Pidjon ha-ben“*) ein festliches Essen zu veranstalten. Nach dem Segensspruch über dem Brot übergibt der Vater das einen Monat alte Kind und fünf Schekel dem Kohen (einem Nachkommen der Priester). Im Zusammenhang eines festgelegten Dialogs darf der Vater zwischen dem Sohn und dem Geld wählen. Nachdem er sich für das Kind entschieden und dem Kohen das schuldige Lösegeld überlassen hat, rezitiert er die Segenssprüche über die Auslösung und für das Neugewonnene. Der Kohen hält das Lösegeld über den Kopf des Erstgeborenen und führt die Handlung der Auslösung durch Segnung des Kindes durch. Danach spricht er die Benediktion über den Wein und eröffnet die Mahlzeit.

i) Bar Mizwa/Bat Mizwa

Von Jugend an soll sich ein Jude mit dem Studium der Tora (Talmud-Tora) befassen: *„Ein Fünfjähriger* (ist) *für* (das Studium der) *Bibel* (die *„schriftliche“* Tora), *ein Zehnjähriger für* (das der) *Mischna* (die *„mündliche“* Tora), *ein Dreizehnjähriger für die* (Erfüllung der) *Gebote, ein Fünfzehnjähriger für* (das Studium des) *Talmuds* (befähigt).“[24] Die Überlieferung sieht Mädchen vom vollendeten zwölften und Jungen vom vollendeten dreizehnten Lebensjahr ab als Erwachsene und für ihr Leben selbst verantwortlich an. Damit sie ihre Lebenspflichten wahrnehmen können, sollen sie auch weiter unter der Anleitung eines Lehrers ihr Studium der Traditionsliteratur beibehalten.

Die Volljährigkeit, mit der die Teilnahme am öffentlichen religiösen Leben beginnt, wird im Gottesdienst der Gemeinde, in dem die Tora vorgelesen wird (montags, donnerstags, samstags) zum Ausdruck gebracht. Zum erstenmal legt der Dreizehnjährige die Gebetsriemen (Tefillin) an und zählt beim Minjan mit. Der *Bar Mizwa* (*„Sohn des Gebotes“*) wird an einem passenden Tag nach seinem Geburtstag aufgerufen, damit er die Segenssprüche über die Tora vorträgt. Der Vater spricht einen zusätzlichen Segensspruch, wenn er an diesem Tag zur Toravorlesung aufgefordert wird; mit ihm wird er von der Verantwortung für seinen Sohn befreit. In Westeuropa liest der Bar Mizwa gewöhnlich am Schabbat auch den letzten Teil des Wochenabschnitts, dazu den entsprechenden Abschnitt aus dem zweiten Kanonteil, der die Lesung der Tora (Pentateuch) abschließt (Haftara). Bei einem festlichen Essen nach dem Gottesdienst hält der Bar Mizwa einen kleinen Vortrag, mit dem er sein Wissen aus der Traditionsliteratur kundtut. Erst im 19. Jh. entwickelte sich der Brauch, vor allem im Reformjudentum, auch eine angemessene Feier für ein Mädchen zu vollziehen, das mit seiner Volljährigkeit *Bat Mizwa („Tochter des Gebotes")* geworden ist.

j) Trauerbräuche

Trauer gleicht Menschen aus. Jüdische Trauerbräuche berücksichtigen dies. Die Erfahrung, wie Trauernde gestützt und vor Vereinsamung in ihrem Schmerz bewahrt werden können, hat sich in Verhaltensanleitungen niedergeschlagen. Ihrer Sprachlosigkeit oder dem ziellosen Klagen sollen Hinterbliebene beim Erhalt der Todesnachricht mit einem Wort begegnen, das ihnen hilft, von sich selbst und von dem Verstorbenen für Augenblicke abzulassen und sich dem Gegenüber ihres Lebens zu öffnen: *„Gesegnet sei der wahre Richter!"* Handlungen betätigen Geist und Leib: Lichter müssen gelöscht, Wasser ausgeschüttet und Spiegel umgekehrt werden als Hinweise, daß der Tod in dieses Haus eingetreten ist. Die Begräbnisbruderschaft der Gemeinde *(Chewra kaddischa, „heilige Bruderschaft")*, die auch Kranke betreut, versorgt den Toten ehrenvoll nach den Vorschriften, führt Totenwache, Totenklage, die rituelle Reinigung des Leichnams, seine Aufbahrung und das Begräbnis durch.

Die Gliederung der Trauerzeit in verschiedene Phasen leitet die Angehörigen behutsam, aber fest durch die Stadien des Verlustschmerzes: In der kurzen Spanne zwischen Tod und Begräbnis soll sich der Trauernde seinen Empfindungen aussetzen und sich auf die Beerdigung vorbereiten *(Aninut)*; dazu ist er von gottesdienstlichen Pflichten (Gebet, Gebetsmantel und Gebetsriemen), ausgenommen die Schabbat- und Festtagszeremonien, befreit. In der folgenden Trauerphase sollen sich die Hinterbliebenen von sich weg und dem Verstorbenen zuwenden; ihn ehrt die *„Trauerklage"*; in ihr wird mit Gebet und in einer Rede würdig seiner gedacht. Anschließend geleiten die Versammelten den Toten vom Trauerhaus bzw. von der Trauerhalle zum Grab. Auf dem Friedhof reißen die Angehörigen als Ausdruck ihrer Trauer ihre Kleidung ein. Das hier gesprochene Gebet *(„die Rechtfertigung des Gerichts")* äußert Vertrauen in das gerechte Wirken Gottes. Der *„Beauftragte der Gemeinde"* trägt für das Seelenheil des Verstorbenen das Gebet *„Gott voller Barmherzigkeit" („El male rachamim")* vor. Nachdem der schlichte, schmucklose Sarg, der die Gleichheit aller Menschen im Tod anzeigt, in das Grab gesenkt worden ist, wird ein Gebet gesprochen, das mit den knappen Sätzen endet: *„Ja, Staub bist du; und zu Staub zurück kehrst du"* (Gen 3,19). Nach der Rückkehr in ihr Haus empfangen Verwandte und Nachbarn die Trauernden mit einem *„Stärkungsmahl"* und einem *„Trostbecher"* (Jer 16,7).

Von der Beerdigung ab zählt die Trauerwoche. *„Sieben" (Schiw'a)* Tage lang (Gen 50,10) sitzen die Hinterbliebenen auf der Erde oder auf erniedrigten Sitzgelegenheiten. In der Regel arbeiten sie nicht, soweit dies ihre Existenz nicht gefährdet; sie werden von Spenden unterstützt, studieren auch nicht, es sei denn gewisse biblische Schriften (Hi, Thr, aus Jer) und Satzungen für Leidtragende. Um sie nicht aus der Gemeinschaft auszuschließen, müssen Verwandte und Nachbarn die Trauernden besuchen, ihnen trauernd beistehen und sie trösten. Für den Trauermonat zählt man von der Beerdigung an *„dreißig" (Scheloschim)* Tage. Er beendet die Zeit der Trauer um alle Verwandte, mit Ausnahme der um die Eltern. Die Männer unter den Leidtragenden verzichten darauf, sich Bart und Haare zu schneiden, alle, sich gepflegt zu kleiden und an öffentlichen Veranstaltungen, wie Hochzeiten, teilzunehmen. Kinder und Eltern Verstorbener beachten ein Trauerjahr, vom Beerdigungstag an gerechnet, während dessen sie Feiern fernbleiben. Der Erstgeborene erfüllt die Pflicht, elf Monate nach dem Tod von Vater und Mutter täglich und danach am Gedenktag des Todes *(„Jahreszeit")* das Kaddischgebet im Gemeindegottesdienst zu sprechen; mit ihm beugt er sich unter Gottes gerechtes Urteil: *„Erhoben und geheiligt werde sein großer Name in der Welt, die er nach seinem Willen geschaffen hat …"*

IX. Jüdische Weltbevölkerung und Gemeinschaft in Deutschland

Anfang 1995 lebten nach der jüngsten Statistik des Jüdischen Weltkongresses weltweit 13,9 Millionen Juden. Etwa 5,8 Millionen aller Juden wohnen in den Vereinigten Staaten, 4,4 Millionen in Israel; zusammen ergeben sie fast drei Viertel der jüdischen Weltbevölkerung. Die jüdischen Gemeinden in Frankreich und Rußland bestehen aus etwa je 600.000 Mitgliedern. Ihnen folgen die jüdischen Gemeinden der Ukraine (446.000), Kanadas (360.000), Großbritanniens (300.000), Argentiniens (250.000) sowie Südafrikas, Australiens und Brasiliens (je ca. 100.000).

Die jüdische Gemeinschaft in Deutschland liegt weltweit an 14. Stelle, nachdem sie durch Zuwanderung aus der GUS in den letzten Jahren auf 50.000 Mitglieder angewachsen ist. Sie ist seit 1945 als Einheitsgemeinde aufgebaut und vollzieht ihren Gottesdienst nach orthodoxem Ritus. Der 1995 gegründete „Verband konservativer und reformierter Juden in Deutschland" begreift sich als religionspolitische Interessenvertretung. Er strebt nicht die Auflösung, sondern die Reform der Einheitsgemeinde an, unter deren Dach *„eine religiöse Vielfalt in den Gemeinden zu schaffen, wie es sie vor 1933 schon einmal in Deutschland gegeben hat"*, äußerte der Sprecher der reforminteressierten jüdischen Minderheit ihre religiösen Bedürfnisse.[1]

X. Der Anteil des Judentums an der allgemeinen Kultur

1. Jüdische Geisteskultur

Die kulturelle Eigenart der Überlieferung des Judentums liegt in ihrer Einseitigkeit. Alle Aufmerksamkeit, die andere Völker des Altertums der wissenschaftlichen Kultur, der philosophischen Logik und Ethik, widmeten, trat im jüdischen Volk zurück vor der erregenden Anteilnahme an dem Willen und an den Spuren des einzig-einen Gottes in der realen Geschichte und an dem Menschen, der zur Erkenntnis, zur Wahl und zur Verwirklichung im Hier und Jetzt befähigt ist. Die Verehrung des unabbildbaren Gottes ist Ausdruck einer Geisteskultur. Sie betont die Wirksamkeit der *Vernunft und* der *Erkenntnis,* ohne die der Alltag nicht zum Gottesdienst gewandelt werden kann.

Diese Einseitigkeit wiederholt sich auch im künstlerischen Bereich. Die bildende Kunst blieb im jüdischen Volk eine Randerscheinung, verglichen mit dem Gewicht, das es der *Wort- und Tonkunst* beimißt. *„Von guter Rede summt mir das Herz“* (Ps 45,2); dieser Satz läßt die Bedeutung aufleuchten, die das mit Bedacht geformte Wort, das Singen und – begrenzt – auch das Spielen auf Instrumenten im jüdischen Dasein haben. Die Kraft, Lebenswirklichkeit, die Geschichte des Volkes und der einzelnen zu gestalten, floß in die Bildkraft der biblischen und der rabbinischen Sprache zu demselben Ziel, Erkenntnis, wie der Wille des einzigen Gottes zu erfüllen sei, und sein Lob zu wecken.

In der gesamten Überlieferung des Judentums behauptet sich Erkenntnis als erstrebenswert. Weil durch die Erkenntnis (Dtn 4,32–39; 7,6–9) und in der Erkenntnis selbst Gott in die Beziehung zum Menschen eintritt (Ex 8,6.18; I Reg

20,13.28), ist sie zur Grundbedingung jüdischer Gottesverehrung geworden. Die Rabbinen betonten mit Nachdruck dieses Band, das den Menschen an Gott bindet: *„Groß ist die Erkenntnis, daß sie an den Beginn der werktäglichen Bitten gesetzt wurde."*[1] Die erste Bitte des Hauptgebetes versteht als vorrangige Gnade Gottes, daß er dem Menschen Erkenntnis verleiht: *„Du begnadest den Menschen mit Erkenntnis."*[2] Die talmudisch-rabbinische Lehre unterstreicht, wie innig die Frömmigkeit eines Menschen mit seiner Erkenntnis verknüpft sein muß; sie läßt den höchsten Richter vom Menschen Rechenschaft darüber fordern, ob er nicht nur regelmäßig, sondern auch in *methodischer Erkenntnis* die Tora studiert habe: *„Wenn man den Menschen vor das* (göttliche) *Gericht bringt, sagt man zu ihm: Hast du gekauft und verkauft in Redlichkeit? Hast du die Zeiten bestimmt für das Torastudium? ... Hast du das Studium mit Weisheit* (Methode) *betrieben? Hast du einen Satz* (ein Wort) *aus dem* (anderen) *Satz* (Wort) *ermittelt?"* Die letzte Frage deutet der Standardkommentar: *„Die Erschließung eines Satzes auf Grund eines anderen, das ist Erkenntnis."*[3]

Der jüdische Lebensweg fordert Absonderung, damit sich das Tun des Menschen dem vollkommenen göttlichen Tun annähere. Er will das ganze jüdische Dasein mit dem Gottesdienst erfüllen und durchdringen. Diese Orientierung am Dienst für den einen Gott verneint nicht Kultur, sondern stellt sie auf den Gottesdienst als ihre Mitte ein. Die Absonderung entfernt den Juden nicht von der Kultur; vielmehr rüstet sie ihn, sich in allen Richtungen der Kultur hingebungsvoll einzusetzen. Denn die Absonderung auf die eigene Gottesverehrung hin bestärkt den jüdischen Menschen, selbständig und unbeeinflußt, nur treu den Maßstäben der Tora folgend, alle Richtungen und Bestrebungen der allgemeinen Kultur zu beurteilen und – sofern sie der Tora nicht widersprechen – zu fördern.

2. Kulturelle Leistungen

Die meisten Juden, die in den verschiedenen Zweigen der Menschheitskultur einen erheblichen Beitrag geleistet haben, sind durch die strenge Schule des jüdischen Lebensweges gegangen. Das Tora- und Talmudstudium hat sie durch die treibende Kraft der Weisung erfahren lassen, daß der schöpferisch Tätige der Orientierung und der Bindung bedarf, daß erst das Wissen um Gott den Menschen in das richtige Verhältnis zu den Gegenständen der Welt setzt (Prov 18,15); es hat sie in methodischer Logik erzogen und sie die methodische Erkenntnis gelehrt, einen Satz aus dem ihm zugrunde gelegten Satz herzuleiten. Der Wert der Erkenntnis, den die jüdische Überlieferung hervorhebt, deckt auf, in welcher Hinsicht Juden an der europäischen Kultur im Altertum, im Mittelalter und in der Neuzeit beteiligt waren.

Die Kultur des christlichen Abendlandes hat ihre Wurzeln in der Bibel des Judentums. Das Christentum ist aus dem jüdischen Volk und seinen prägenden Traditionen bis in den Anfang unserer Zeitrechnung hervorgegangen. Die christliche Kirche verfehlt ihre Bestimmung, wenn sie sich nicht auf ihren Urgrund zurückbesinnt; aber sie kann sich immer wieder aus ihm erneuern. Aus ihm nährte sich der Islam. Aus ihm schöpften Dichter, wie Herder und Goethe, die über die kulturellen Grenzen ihres Sprachraums hinauswirken.

Das Judentum hat die Kultur der Menschheit dadurch bereichert, daß es den Bereich der *Zeit* und der *Geschichte* erschloß, der Welt den *Ruhetag* als Unterbrechung der Arbeitswoche vorlebte, den Wert der *Individualität* jedes Menschen entdeckte und in Grundsätzen und Geboten realisierte und die fundamentale *Rechtsgleichheit aller Menschen* in allen Dingen lehrte; dabei stellten seine Satzungen ausdrücklich den Fremden rechtlich, politisch und religiös gleich (Lev 24,22; Num 15,15f), wie sie ihn auch in die zwischenmenschliche Beziehung der *Nächstenliebe* einbezogen (Lev 19,17f.33f).

Vorbildlich für die Menschheitskultur fordert die *soziale Gerechtigkeit* im jüdischen Recht die Anerkennung eines jeden Menschen als des Mitgeschöpfes.[4] Das Judentum kennt kein Wiedervergeltungsrecht. Die jüdische Bereitschaft, den Willen Gottes zu verwirklichen, richtet sich auf diese Welt und ihre Veränderung auf die Gottesherrschaft hin. Dazu gehört nach jüdischem Verständnis, daß angemessene finanzielle Wiedergutmachungen verhindern sollen, daß körperlich Verletzte auch noch sozial Geschädigte werden. In dem alten, häufig schon durch seine Übersetzung „*Auge um Auge, Zahn um Zahn*" verunglimpften Bibelwort läßt sich nach pharisäisch-rabbinischer Auslegung[5] vielmehr die Grundgestalt eines Invaliditätsanspruchs erkennen. Danach meint der so oft mißdeutete biblische Grundsatz: Schadenersatzleistung anstelle des ausgeschlagenen Auges, Zahns …

Die Vorschriften des jüdischen Lebensweges rufen den Menschen zur *Verantwortung für die Schöpfung.* Der biblisch-jüdische Messianismus begründet Hoffnung für die Menschheit. Aus dem jüdischen Sonderdasein leitet die Überlieferung nirgends einen Anspruch auf jüdische Exklusivität des Heils ab. Ihre Vorstellung von jüdischem Partikularismus steht dem *messianischen Universalismus* mit seiner Zukunftsansage vom friedlichen Zusammenleben aller unterschiedlichen Völker und Menschen (Mi 4,4f) nicht im Wege. Von den biblischen Anfängen über bedeutende Lehrer im Altertum (Jehoschua b. Chananja, 1. Jh. n. Chr.), im Mittelalter (Maimonides, 12. Jh.) und in der Neuzeit (Moses Mendelssohn, 18. Jh.; Martin Buber, Franz Rosenzweig u. a., 20. Jh.) hat das Judentum ein Zivilisationsmodell der Toleranz geschaffen. Hugo Grotius (1583–1645), der Begründer des internationalen Völkerrechts, stützte sich in seinem Werk „*De jure belli et pacis*" auf die talmudischen Quellen. Er zitierte insbesondere jene Überlieferung von den „*Gerechten der Völker*": Nicht ihre ethnische, nationale, kulturelle und religiöse Herkunft zeichnet sie aus, sondern allein ihr Eintreten für gefährdete Minderheiten, ihr liebevolles Handeln, das zur Gemeinschaft führt.

Der Prozeß der Assimilation wirkte sich für das europäische Judentum verhängnisvoll aus; aber assimilierte Juden bereicherten die deutsche Kultur außerordentlich. Dies belegt eindrücklich die Reihe der Künstler, Philosophen und Staatsmänner, deren Leben und Werk Hans Mayer[6] darstellte.

Anmerkungen

II. Das Judentum in der Geschichte

1 Sifra zu Lev 19,2.
2 mAv III,15.
3 SifDev 11,22; bSot 14a; vgl. Dtn 11,22; 13,5.
4 YalqRe zu Gen 1,27.
5 Lehmann, M., Hagadah schel Peßach, Basel 1962, 16f. 124. Vgl. mPes X,5.
6 Alejnu-Gebet im täglichen Gottesdienst.
7 bGit 10b; bNed 28a; bBB 54b; 55a;bBQ 113a.
8 bBer 12b; 34b.
9 Adolf von Harnack hatte sie in seinen Vorlesungen über *„Das Wesen des Christentums“* 1899/1900 geboten.
10 Deutschtum und Judentum, Gießen 1915; 1923.
11 Simon, E., Entscheidung zum Judentum, Frankfurt am Main 1979, 32.
12 Scholem, G., Wider den Mythos vom deutsch-jüdischen *„Gespräch“*, in: ders., Judaica 2, Frankfurt am Main 1970, 7–11,8.7ff.
13 Mayer, H., Ein Deutscher auf Widerruf. Erinnerungen I/II, Frankfurt/M. 1982/84, 442.430.444.445.

III. Von der Judenfeindschaft zur Judenvernichtung

1 Larsson, G., Fakten oder Fälschung? Die Protokolle der Weisen von Zion, Jerusalem 1994.
2 I/II Makk; Sir 36; 50,25f; Flavius Josephus, Ant XII,1; III,3–XI,2.
3 Historiae V,1–13; Annales XV,44.
4 Flavius Josephus, Ap I,24ff; II,7.
5 Did 8,1.2.
6 Barn 4,6–8; 14; 2,4ff.
7 IClem 2,8ff; 4,1–13 etc.
8 Dialog mit Trypho 123, 3–6.
9 Stoecker, A., Das moderne Judenthum in Deutschland, besonders in Berlin, Berlin 1880.
10 Treitschke, H. v., Unsere Aussichten, in: Preußische Jahrbücher 44/45, 1879; ders., Ein Wort über unser Judenthum, Berlin 1881.
11 Strauss, H.A./Kampe, N., Hg., Antisemitismus, Bonn 1985,9 A.1.

IV. Jüdische Selbstbefreiung

[1] Bein, A., Die Judenfrage. Biographie eines Weltproblems I–II, Stuttgart 1980, II,140.
[2] Mendes-Flohr, P.R., Hg.: Martin Buber, Ein Land und zwei Völker, Frankfurt am Main 1983, 261.
[3] Schoeps, J.H., Zionismus. Texte zu seiner Entwicklung, Wiesbaden 1983, 95ff.

V. Lebendiges Judentum

[1] Abk.:TaNaK (‚Tanach' auszusprechen) aus *T*ora, *N*ewi'im, *K*etuwim.
[2] Nach Lev 18,30 vgl. mAv I,1.
[3] More Newuchim III, deutsch: Mose Ben Maimon, Führer der Unschlüssigen, Bd. II, Hamburg 1972, III. Buch, 35.-49. Kapitel.
[4] Engelmann, P., Hg., Emmanuel Lévinas, Ethik und Unendliches. Gespräche mit Philippe Nemo, Wien [2]1992, 15.
[5] Lévinas, E., Schwierige Freiheit, Frankfurt/M. 1992, 40f.
[6] SifDev 11,22.
[7] bSan 98a.
[8] bYom 75a.
[9] bBer 17a.
[10] mAv II,12.
[11] Vgl. ihre Auslegung von Num 16 in BemR XVIII,16,1.
[12] bMen 43b.
[13] bBer 11b.
[14] Ben Assai (2. Jh.); vgl. bYev 63b.
[15] mAv IV,17; vgl. bAZ 3a.
[16] ShemR XXI,14,16.
[17] ShemR XXIII,15,1.
[18] MekhY zu Ex 17,11.
[19] mRHSh III,8.
[20] mAv II,16; vgl. ARN 27.
[21] mYom VIII,9.
[22] mAv I,2.
[23] Mt 21,23; 26,55; Mk14,49; Lk 19,47; 20,1; Joh 18,20; Act 2-4.
[24] bQid 40b.
[25] SifDev 11,13.
[26] bPes 50b.
[27] mAv II,12.
[28] bBM 85a.
[29] bRHSh 23a.
[30] BerR XLII,14,1.
[31] mAv IV,5.
[32] mAv I,12.

33 mAv II,7.
34 mAv I,15.
35 mAv I,6.
36 bNed 81a.
37 bSan 96a.
38 mAv I,1.
39 Num 15,31 nach bSan 99a.
40 bTaan 7a.
41 Sifra zu Lev 26,37. Vgl. bSan 27b; bShevu 39a-b; bRHSh 29a, dazu Raschis Kommentar zur Stelle; Yalq zu Prov 6,1; ShirR I,3.
42 bTaan 11a.
43 bBer 49b.
44 bTaan 11a.
45 yBer V,8d,43.
46 Sifra zu Lev 19,2; vgl. Sifra zu Lev 20,7.
47 Sifra zu Lev 20,26. Vgl. TO und TPsJ zu Lev 20,26; Sifra zu Lev 20,7.
48 ShemR XIX,12,43 und Sifra zu Lev 18,5; vgl. bBQ 38a; bAZ 3a; bSan 59a.
49 Sefer Ha-Kusari, zwischen 1130/40 entstanden, hebräisch 1170, IV,23.
50 Mischne Tora, 1180, Hilchot Melachim XI,4.
51 58. Gutachten, in: Freimann, A. (Hg.), Responsen, 1934.

VI. Gott Israels – Land Israel – Volk Israel

1 So BerR XXXIX,12,8 sowie die Kommentare von Ibn Esra und Nachmanides.
2 Die Landwirtschaft betreffende Bestimmungen: Lev 23,22; 19,10; Dtn 22,10; 25,4; Lev 25,4.11.23.33; mShevi VI,1; mHal IV,8. Die Erstlingsfrüchte betreffende Satzungen: Dtn 26,1–11; mBik III,2–9.
3 bKet 111a.
4 ShirR II,7.
5 mPes X,6 in der Haggada schel Pessach.
6 bMeg 17b–18a; Schmone Esre, X–XVI. Benediktion (= Ben.).
7 mAv III,18.
8 BerR XII,2,4.
9 BerR XII,2,4.
10 BerR VIII,1,26.
11 bMeg 31a.
12 bBer 9b.
13 MekhY zu Ex 12,41; vgl. bBer 8a; bMeg 29a.
14 Tan, nasso § 12 zu Num 7,1.
15 Aus dem Morgengebet, Bitten nach dem Aufstehen.
16 MekhY zu Ex 19,5; vgl. PesR 11(46b); 10(36b).
17 DevR I,1,1.
18 DevR VII,29,1.

[19] bShab 88a; bAZ 2b; ShirR VIII,2.
[20] BemR VII,5,1.
[21] EkhaR III,39.
[22] bSuk 5a zu Psalm 115,16. Vgl. bSot 13b.14a.
[23] bBer 3b; bSot 12a; bSchevu 39a.
[24] bNed 38a; BemR XV,11,16; DevR XI,31,14.
[25] mAv III,15. In ARN 39 sagt dies R. Meïr (um 150), wahrscheinlich R. Akibas Ausspruch zitierend.
[26] bSan 56a–b; tAZ VIII,4.6; bAZ 64b.
[27] Sifra zu Lev 19,18.
[28] bHul 13b.
[29] Zu mSan X,1 vgl. R. Jehoschuas Meinung in tSan XIII,2 und Jochanans Bestätigung in bSan 105a.
[30] MekhY zu Ex 20,2.
[31] MTeh CXLVI, (7.); BemR VIII,5,6.
[32] Mischne Tora, Issure Bia XII,25; Melachim V,4 sowie Melachim VIII,141; Teschuba III,5.
[33] mAv I,1.
[34] bBes (Yom Tov) 32b.
[35] SifDev 6,4.
[36] IV. Ben. des Achtzehngebets. Zu freiwilligen Bitten vgl. Sidur Sefat Emet 49 und bBer 17a.

VII. Gott – Welt – Mensch

[1] TanB, wajjera § 24.
[2] I. Ben. vor dem Morgen-Schma Jisrael; vgl. bHag 12b.
[3] TanB, tasri'a § 8; vgl. bBB 16a.
[4] bShab 133b zu Ex 15,2 und bSot 14a zu Dtn 13,5.
[5] Mose ben Maimon, More Newuchim III,13.
[6] mAv III,15.
[7] YalqRe zu Gen 1,27.
[8] bSot 14a. Vgl. bShab 133b.
[9] Mischne Tora, Hilchot Deot I,6.
[10] mSan IV,5.
[11] bQid 40b, vgl. QohR X,1; tQid I,14.
[12] bShab 151b.
[13] bSot 5a.
[14] bShab 23a zu Dtn 17,10f; vgl. Maimonides, Mischne Tora, Hilchot Berachot I,4.
[15] mAv I,3.
[16] SifDev 11,13.
[17] mAv III,16.
[18] BerR XXII,4,6.
[19] mAv III,17.

[20] mAv II,16.
[21] bMeg 28a; vgl. bYom 23a.
[22] bBQ 92b; vgl. BerR XLV,16,7.
[23] bShab 88b.
[24] mAv I,12.
[25] bYom 71b.
[26] ARN 12.
[27] MekhY zu Ex 20,25.
[28] mAv II,7.
[29] mPea I,1; bShab 127a; bQid 40a.
[30] MekhY zu Ex 15,1.
[31] bMeg 10b.
[32] ARN 37.
[33] bShab 88a.
[34] WaR XXV,19,23.
[35] SifDev 20,19.
[36] BerR I,1,1.
[37] IVEsr 3,7.21f; 7,118; syrBar 17,3; 23,4; 48,42f.
[38] syrBar 54,15.19.
[39] mAv III,10.
[40] bAZ 5b.
[41] mAv IV,17.
[42] mAv II,10 und bShab 153a.
[43] mYom VI,2.
[44] bYom 76a.
[45] mYom VIII,9.
[46] bYom 87a.
[47] bYom 87a; vgl. Sifra zu Lev 16,30.
[48] bYom 86b.
[49] mYom VIII,9.
[50] bYom 87a.
[51] MekhY zu Ex 20,23; vgl. SifDev 6,5; bBer 5a; 60b.
[52] ySheq V,49a,6; yPea VIII,21b,9.
[53] bTaan 21a.
[54] bBer 60b; vgl. bBer 22a; bHag 11b.12a; bPes 22b.
[55] Jehuda Halevi, Der Kusari III,11; übers. v. Cassel, D., Zürich 1990, 235.
[56] mBer IX,5.
[57] bBQ 93a; vgl. 92b.
[58] BerR IX,1,31; Mose ben Maimon, More Newuchim III,10.
[59] II. Ben. des Achtzehngebets; vgl. mBer V,2; XIII. Glaubensgrundsatz des Maimonides.
[60] bBer 58b; tBer VI,6.
[61] Rabbi Meïr in bSan 100a.

VIII. Leben nach der Überlieferung

1 Vgl. BerR I,1,1; TanB, bereschit § 5.§ 3 zu Gen 1,1.
2 mKet VII,6; tSot V,9; bBQ VIII,6.
3 bBer 60b.
4 bBer 29b.
5 bMeg 23a, vgl. I Kor 14,34. Dazu tMeg IV,11.
6 BerR X,2,2; Raschis Pentateuch-Kommentar zu Gen 2,2.
7 BerR XI,2,3; PesR 23.
8 bSan 38a.
9 mYom VIII,6, vgl. bYom 85a; bKet 5a.15b.
10 BerR XI,2,3.
11 bBes 16a.
12 bShab 119a; bBQ 32a–b.
13 ShirR IV,4.
14 MekhY zu Ex 31,13.
15 bSan 42a; Sof 20.
16 mPes X,4.
17 bShab 104a.
18 So bNid 31a und Raschis Pentateuchkommentar zu Gen 4,1.
19 Cant 1–8; Prov 31,10–31; Ps 128,1–4; Hos 1–3; 11; Jes 7, 3.9; 8,1–4.
20 mHul I,4; II,1.3; bHul 30b.9a; Sifra zu Lev 7,2.
21 Levi, J., Die Schächterfrage unter Berücksichtigung der neuen physiologischen Forschungen, Berlin 1929; Gerhardt, U., Jüdisches Leben im jüdischen Ritual, Heidelberg 1980, 276ff.
22 BemR XXI,27,1.7, vgl. TanB § 8 und 9 zu Num 27,1.7.
23 SifBam 27,5.
24 mAv V,21; vgl. bYom 82a.

IX. Jüdische Weltbevölkerung und Gemeinschaft in Deutschland

1 So M. Brumlik nach „Allgemeine Jüdische Wochenzeitung“, 50. Jg., Nr. 14.

X. Der Anteil des Judentums an der allgemeinen Kultur

1 bBer 33a.
2 Achtzehngebet, IV. Ben.
3 Raschi zu bShab 31a.
4 Lev 19,17f.33f; Ex 22,21ff; 23,9; Jes 1,17; Jer 22,3.15f; vgl. Hi 31,15; Prov 14,31; 17,5.
5 Zu Ex 21,23–25; Lev. 24,20; Dtn. 19,21 vgl. mBQ VIII,1; MekhY zu Ex. 21,24; bBQ 83b; 84a.
6 Mayer, H., Der Widerruf. Über Deutsche und Juden, Frankfurt/Main 1994.

Zeittafel

3150–1200 v.Chr	*Bronzezeit: Kanaanäische Periode*
1900–1300	Zeit der „Väter“, Abraham, Isaak, Jakob
1280	Auszug aus Ägypten unter Mose
13.–11. Jh.	*Ansiedlung in Kanaan, Zeit der „ Richter“*
11.–10. Jh.	*Königtum Sauls, Davids, Salomos*
10.–6. Jh.	*Periode des Ersten Tempels* (Jerusalemer Tempel)
930	Teilung des vereinten Königreichs in Israel und Juda
930–721	Königreich Israel; Propheten: Elia, Elisa (9. Jh.), Hosea, Amos (8. Jh.); assyrische Eroberung, Deportation
930–586	Königreich Juda; Propheten: Jesaja, Micha (8. Jh.), Jeremia (7./6. Jh.), Ezechiel (6. Jh.); babylonische Eroberung Judas und Jerusalems, Exil
6. Jh.	Kanonisierung der Tora (Pentateuch) im babylonischen Exil
539–332	Persische Herrschaft über das Land Israel und die Juden
538	Erste Rückkehr aus der babylonischen Gefangenschaft
520–70 n. Chr.	*Periode des Zweiten Tempels* (Jerusalemer Tempel)
5./4. Jh. v. Chr.	Zweite Rückkehr der exilierten Juden unter Esra; Wiederaufbau der Mauern Jerusalems unter Nehemia
4. Jh.	Kanonisierung des 2. Teils der Hebräischen Bibel (Propheten)

332–163	Hellenistische Herrschaft über das Land Israel und die Juden
3. Jh.	Entstehung der griechischen Bibelübersetzung (Septuaginta)
167–164	Aufstand der Makkabäer (Hasmonäer) gegen die religiöse Unterdrückung: Tempelweihe (Chanukka)
142–63	Unabhängiger jüdischer Staat der Hasmonäer; Pharisäer
1. Jh. v./1. n. Chr.	Schule Hillels und Schule Schammais
1. Jh. v.–4. n. Chr.	Römerherrschaft über „Palästina“
66–74 n. Chr.	Der 1. jüdische Aufstand gegen die Römer; Zerstörung des Tempels
70–640	*Periode der Mischna und des Talmuds*
70–132	Sanhedrin/Lehrhaus in Jawne; R. Jochanan b.Sakkai, R. Gamliël II
132–135	Bar-Kochba-Aufstand; R. Akiba
2. Jh.	Kanonisierung des 3. Teils der Hebräischen Bibel (Schriften)
um 200	Redaktion der Mischna unter R. Jehuda Ha-Nassi
321	Juden siedelten in Köln
395–614	Oströmisch-byzantinische (christliche) Herrschaft über Palästina
5. Jh.	Vollendung des Jerusalemer (palästinischen) Talmuds
6./7. Jh.	Vollendung des Babylonischen Talmuds
1040–1105	Raschi (Frankreich), Exeget von Bibel und Talmud
637	Beginn der muslimisch-arabischen Herrschaft über Palästina
1066	Juden ließen sich in England nieder
1078	Seldschukische Eroberung Jerusalems
1096	Massaker der Kreuzfahrer an Juden im Rheinland

1099–1291	Kreuzfahrerherrschaft, lateinisches Königtum von Jerusalem
1135–1204	Maimonides (Cordova/Kairo), bedeutendster jüd. Gelehrter im MA
1290	Vertreibung der Juden aus England
1291–1516	Mameluken-Herrschaft über Palästina
12.–13. Jh.	Jüdische Esoterik (Kabbala); deutscher Chassidismus: Buch Sohar; Gelehrtenschulen der Tossafisten (Nordfrankreich/Deutschland)
12./14./15. Jh.	Vertreibungen der Juden aus Frankreich
1348–1350	Massaker an Juden in Deutschland und Österreich; Einwanderung von Juden aus Deutschland in Polen und Litauen
15. Jh.	Vertreibungen aus Köln, Augsburg, Mainz, Nürnberg, Warschau; Josef Albo, Religionsphilosoph in Spanien
1492/1496	Vertreibung der Juden aus Spanien und Portugal
1516–1917	Ottomanische (türkische) Herrschaft über Palästina
1516	Errichtung des Ghettos in Venedig
1590	Marranen ließen sich in Amsterdam nieder
16. Jh.	Vertreibungen aus italienischen u. deutschen Städten, aus Prag
1556	Wiederzulassung von Juden in England; Spinoza aus Judengemeinde in Amsterdam ausgestoßen
1685	Religionsfreiheit für Juden in England
17. Jh.	Jüdische Gemeinden in Amerika; pseudomessianische Massenbewegung des Sabbatai Zwi in Europa
18. Jh.	Mystische Strömung des Chassidismus in polnischer Judenheit; französische Nationalversammlung verlieh Bürgerrechte an alle Juden; Mendelssohn-Lavater-Meinungsstreit; Maria Theresias „Judenordnung“, Josephs II. „Toleranzpatent“
19. Jh.	Emanzipation der Juden in England und deutschen Fürstentümern; Reformjudentum in Deutschland, England, Amerika

1819	Verein für Kultur und Wissenschaft des Judentums in Berlin
1872	Hochschule für die Wissenschaft des Judentums in Berlin
1881	Beginn der Pogrome in Rußland, Massenemigration, Vertreibung
1882	Einwanderung in Palästina (1. Alija)
1893	Central-Verein Deutscher Staatsbürger Jüdischen Glaubens
1897	1. Zionisten-Kongreß in Basel; Theodor Herzl
1903ff	Pogrome in Rußland; Einwanderungen in Palästina (2. Alija 1904, 3. Alija 1919–23, 4. Alija 1924–32)
1917–1948	Britische Herrschaft über Palästina
1917	Balfour-Declaration (Zusage einer jüd. Heimstätte in Palästina)
1929	Arab. Aufruhr in Jerusalem, Massaker an Juden in Hebron/Safed
1933	Antijüdischer Wirtschaftsboykott in Deutschland
1935	Nürnberger Gesetze („minderwertige Rasse" der Juden)
1938	„Reichspogromnacht"
1933–1939	Einwanderung nach Palästina aus Deutschland (5. Alija)
1941	Verbot jüdischer Auswanderung aus Deutschland
1942	Wannsee-Konferenz (Koordination der „Endlösung" der Judenfrage)
1943	Deutschland als „judenrein" erklärt
1945	Alliierte stellten 125.000 ermordete Juden aus Deutschland fest
1947	UN-Teilungsplan Palästinas
1948	*Proklamation des Staates Israel;* Invasion 7 arabischer Staaten

1948–1951	685.000 Neueinwanderer, davon 304.000 Überlebende aus Osteuropa, ferner Juden aus arabischen Staaten (Jemen, Irak, Nordafrika)
1956	Ägypt. Blockade des israel. Handelsverkehrs: „Sinai-Feldzug“
1967	„Sechs-Tage-Krieg“; Vereinigung Jerusalems
1973	„Jom-Kippur-Krieg“
1979	Friedensvertrag zwischen Israel und Ägypten
1982	Israels Rückgabe der Sinai-Halbinsel an Ägypten; Libanon-Feldzug: Israelische Besetzung eines Sicherheitsstreifens auf libanesischem Gebiet
1987	Beginn der Intifada
1992	Beginn der Friedensverhandlungen zwischen Israel und den (arabischen) Nachbarstaaten
1993	Gaza-Jericho-Abkommen zwischen Israel und der PLO
1994	Friedensvertrag zwischen Israel und Jordanien
1995	Erweiterung der palästinensischen Selbstverwaltung

Abkürzungen

Schriften aus dem Hebräischen Bibelkanon

Gen	Genesis (1. Buch Mose)
Ex	Exodus (2. Buch Mose)
Lev	Leviticus (3. Buch Mose)
Num	Numeri (4. Buch Mose)
Dtn	Deuteronomium (5. Buch Mose)
Jos	Josua
Jdc	Judicum (Richter)
I–II Sam	1.+2. Samuelbuch
I–II Reg	1.+2. Regum (Königsbücher)
Jes	Jesaja
Jer	Jeremia
Ez	Ezechiel
Hos	Hosea
Joel	Joel
Am	Amos
Ob	Obadja
Jon	Jona
Mi	Micha
Nah	Nahum
Hab	Habakuk
Zeph	Zephanja
Hag	Haggai
Sach	Sacharja
Mal	Maleachi
Ps	Psalm(en)
Hi	Hiob
Prov	Proverbia (Sprüche)
Ruth	Ruth
Cant	Canticum (Hoheslied)
Koh	Kohelet (Prediger)
Thr	Threni (Klagelieder)
Est	Esther
Dan	Daniel
Esr	Esra
Neh	Nehemia
I–II Chr	1.+2. Chronikbuch

Schriften aus dem Neuen Testament

Mt	Matthäus(evangelium)
Mk	Markus(evangelium)
Lk	Lukas(evangelium)
Joh	Johannes(evangelium)
Act	Acta Apostolorum (Apostelgesch.)
I Kor	1. Korintherbrief

Außerkanonische Schriften

syrBar	syrische Baruch-Apokalypse
IV Esr	4. Esrabuch
I–IV Makk	1.–4. Makkabäerbuch
Josephus: Ant	Antiquitates Judaicae
Josephus: Ap	Contra Apionem
Barn	Barnabasbrief
I–II Clem	1.–2. Clemensbrief
Did	Didache

Schriften aus dem talmudischen Schrifttum

1. Traktate aus Mischna (m), Tosefta (t), Talmud (b= Babylonischer T.; y= Jerusalemer T.)

Av	Avot	Nid	Nidda
AZ	ʻAvoda Zara	Pea	Pe'a
BB	Baba Batra	Pes	Pesahim
Ber	Berakhot	Qid	Qiddushin
Bes	Beza (Yom Tov)	RHSh	Rosh HaShana
Bik	Bikkurim	San	Sanhedrin
BM	Baba Mezi'a	Shab	Shabbat
BQ	Baba Qamma	Sheq	Sheqalim
Git	Gittin	Shevi	Shevi'it
Hag	Hagiga	Shevu	Shevu'ot
Hal	Halla	Sot	Sota
Hul	Hullin	Suk	Sukka
Ket	Ketubbot	Taan	Ta'anit
Meg	Megilla	Yev	Yevamot
Men	Menahot	Yom	Yoma
Ned	Nedarim		

2. Midraschim (M), Sammelwerke

ARN	Avot deRabbi Natan	SifBam	Sifre Bamidbar
BemR	Bemidbar Rabba	SifDev	Sifre Devarim
BerR	Bereshit Rabba	Sof	Soferim
DevR	Devarim Rabba	Tan	Tanhuma
EkhaR	Ekha Rabbati	TanB	Tanhuma ed. Buber
MekhY	Mekhilta deRabbi Yishma'el	TO	Targum Onqelos
		TPsJ	Targum Pseudo-Jonathan
MTeh	Midrash Tehillim		
PesR	Pesiqta Rabbati	WaR	Wayiqra Rabba
QohR	Qohelet Rabba	Yalq	Yalqut Shim'oni
ShemR	Shemot Rabba	YalqRe	Yalqut Re'ubeni
ShirR	Shir HaShirim Rabba		

Literaturverzeichnis

Primärliteratur in deutscher Sprache

Bibliotica Rabbinica. Eine Sammlung alter Midraschim I–V. Übersetzung A. Wünsche, Hildesheim 1967.

Der Babylonische Talmud I–XII. Übers. L. Goldschmidt, Berlin 1930–36.

Die Schrift (1–4). Verd. M. Buber u. F. Rosenzweig, Heidelberg 1976–79.

Die vierundzwanzig Bücher der Heiligen Schrift. Übers. L. Zunz, Basel 1980.

Mischnajot I–VI, mit deutscher Übersetzung, Basel 1968.

Sidur Sefat Emet mit deutscher Übersetzung von S. Bamberger, Basel 1972.

Einführende, grundlegende und weiterführende Sekundärliteratur

Baeck, L., Das Wesen des Judentums, (1905) Wiesbaden ^{6}1966.

ders., Wege im Judentum, Berlin 1933.

Bein, A., Die Judenfrage. Biographie eines Weltproblems I–II, Stuttgart 1980.

Ben-Chorin, S., Jüdischer Glaube, Tübingen ^{2}1979.

ders., Jüdische Ethik, Tübingen 1983.

Ben-Sasson, H.H. (Hg.), Geschichte des jüdischen Volkes I–III, München 1978–80.

Bering, D., Der Name als Stigma. Antisemitismus im deutschen Alltag 1812–1933, Stuttgart ^{2}1988.

Brumlik, M. u. a. (Hg.), Jüdisches Leben in Deutschland seit 1945, Frankfurt am Main 1988.

Cohen, H., Religion der Vernunft aus den Quellen des Judentums, (1919) Wiesbaden 1978.

Donin, Ch.H., Jüdisches Gebet heute, (1972) Jerusalem 1986.

Encyclopaedia Judaica 1–16, Jerusalem ^{4}1978.

Fleischmann, L., Schabbat. Das Judentum für Nichtjuden verständlich gemacht, Hamburg 1994.

Fohrer, G., Glaube und Leben im Judentum, Heidelberg 1979.

Geis, R.R., Vom unbekannten Judentum, Freiburg/Basel/Wien 1975.

ders., Gottes Minorität. Beiträge zur jüdischen Theologie und zur Geschichte der Juden in Deutschland, München 1971.

Henrix, H.H. (Hg.), Jüdische Liturgie. Geschichte - Struktur - Wesen, Freiburg/Basel/Wien 1979.

Heschel, A.J., Gott sucht den Menschen. Eine Philosophie des Judentums, (1955) Neukirchen-Vluyn 1980.

Hommel, G., Erster Blick aufs Judentum. Ein Erfahrungsbericht, Wuppertal 1981.

Jüdisches Lexikon I–IV, (1927) Königstein/Ts. 1982.

Katz, J., Vom Vorurteil bis zur Vernichtung. Der Antisemitismus 1700–1933, München 1989.

Kitov, E., Das jüdische Jahr I–IV, Zürich 1984–1990.

Laqueur, W., Der Weg zum Staat Israel. Geschichte des Zionismus, (1972) Wien 1975.

Lau, I.M., Wie Juden leben. Glaube - Alltag - Feste, (1978) Gütersloh 1988.

Maier, J., Geschichte der jüdischen Religion, Berlin - New York 1972.

Navè Levinson, P., Einführung in die rabbinische Theologie, Darmstadt 1982.

dies., Was wurde aus Saras Töchtern? Frauen im Judentum, Gütersloh 1989.

dies., Einblicke in das Judentum, Paderborn 1991.

Poliakov, L., Geschichte des Antisemitismus I–VIII, (1977) Worms 1979-87 (I–VI), Frankfurt am Main 1988 (VII–VIII).

Petuchowski, J.J./Thoma, C., Lexikon der jüdisch-christlichen Begegnung, Freiburg/Basel/Wien 1989.

Prijs, L., Die jüdische Religion. Eine Einführung, München 1977.

ders., Die Welt des Judentums. Religion, Geschichte, Lebensweise, München 1982.

Richarz, M., Jüdisches Leben in Deutschland. Selbstzeugnisse zur Sozialgeschichte 1–3, Stuttgart 1976.1979.1982.

Schneider, R.Ch., Zwischenwelten. Ein jüdisches Leben im heutigen Deutschland, München 1994.

Schoeps, J.H. (Hg.), Neues Lexikon des Judentums, Gütersloh/München 1992.

Silbermann, A., Der ungeliebte Jude. Zur Soziologie des Antisemitismus, Zürich 1981.

ders., Was ist jüdischer Geist? Zur Identität der Juden, Zürich 1984.

Strauss, H.A./Kampe, N. (Hg.), Antisemitismus. Von der Judenfeindschaft zum Holocaust, Bonn 1985.

Thieberger, F. (Hg.), Jüdisches Fest - Jüdischer Brauch, Königstein/Ts. ^{2}1979.

Trepp, L., Die amerikanischen Juden. Profil einer Gemeinschaft, Stuttgart/Berlin/Köln 1991.
ders., Die Juden. Volk, Geschichte, Religion, Hamburg 1992.
ders., Der jüdische Gottesdienst. Gestalt und Entwicklung, Stuttgart/Berlin/Köln 1992.
Vetter, D., Gebete des Judentums, Gütersloh 1995.
ders., Beiträge zum Judentum, in: Khoury, A.Th. (Hg.), Lexikon religiöser Grundbegriffe: Judentum/Christentum/Islam, Graz/Wien/Köln 1987.
De Vries, S. Ph., Jüdische Riten und Symbole, Wiesbaden [4]1986.
Walter, W., Meinen Bund habe ich mit dir geschlossen. Jüdische Religion in Fest, Gebet und Brauch, München 1989.
Zuidema, W., Gottes Partner. Begegnung mit dem Judentum, (1977) Neukirchen-Vluyn 1983.